Ulrich Filler

Himmel, Hölle, Fegefeuer

Was geschieht uns nach dem Tod?

fe-medienverlag, kisslegg

3. Auflage August 2010

D-88353 Kisslegg, Immenried
Umschlaggestaltung: Renate Geisler
Druck: CPI books, Ulm
ISBN 3-928929-64-X
Titelbild: Stefan Lochner, Weltgericht,
Wallraf-Richartz-Museum, Köln

Imprimatur-Coloniae, die m. 30. Aprilis 2004
Jr. Nr. 106 250 I 90 - + Rainer Woelki, vic.eplis.

Ulrich Filler

Himmel
Hölle
Fegefeuer

Was geschieht uns nach dem Tod?

Wenn der Christ stirbt,
stirbt nicht so sehr der Christ
als vielmehr der Tod.

Jan Bots

Inhalt

1. Wie ein Baum, den man fällt … 11
Ein guter Tod? – Verdunstung des Glaubens – Todes-Angst – Gesundheit ist doch das Wichtigste! – Dann spüre ich doch nichts mehr – Eine wichtige Frage – "Deathproof": Resistent gegen den Tod

2. Der Tod 23
Wie begegne ich dem Tod? – Der Tod, die Folge der Sünde – Unser Leben ist ein Ernstfall – Wir sind mit Christus verbunden – In den Tod Jesu hineinsterben

3. Das persönliche Gericht 33
Unsere Heimat ist im Himmel – Seele und Leib – Liebe oder Gleichgültigkeit – Die Masken fallen – Das Urteil – Prophylaxe gegen Gerichtsangst – Himmel, Hölle, Fegefeuer

4. Der Himmel 41
Im Einklang mit Gott – Die "Poleposition" erreichen – Eins hab ich mir vorgenommen ... – Bei Jesus sein – Anbetung – Gemeinschaft der Heiligen – Bilder reichen nicht aus ... – Ist die Ewigkeit langweilig? – Sportschau und Schweinebraten

5. Das Fegefeuer 51
Gerettet wie durch Feuer – Die Heiligkeit Gottes – Die verdeckte Grundentscheidung – Meine Geschichte ist nicht egal – Welche Liebe kann ich besser annehmen? – Gebet für Verstorbene – Appell an unsere Liebe – Ich singe ein Lied der Liebe ...

6. Die Hölle 61
Ewige Verdammnis – Liebe und Freiheit – Die Hölle ist ewig – Die Strafen der Hölle – Die Verhärtung des Herzens – Gott haßt nicht

7. Der "D-Day" der neuen Schöpfung – die Wiederkunft Christi am Jüngsten Tag 69
Der Zeitpunkt – Kommen in Herrlichkeit – Advent: Ankunft des Herrn – Vorzeichen – Nur ein Auftakt

8. Die Auferstehung der Toten 75
Widerstände – Das Vorbild: die Auferstehung Jesu Christi – Ein neuer Leib – Die Schöpfung ist gut – Begraben in der Taufe – Das Unterpfand der Unsterblichkeit

9. Das Weltgericht 83
Ich habe dich eingezeichnet in meine Hände ... – Unser Richter ist Jesus Christus – Weltgericht und persönliches Gericht – Auch die Heiligen richten

10. Ein neuer Himmel und eine neue Erde 89
Worin die ökologische Bewegung Recht hat – Schicksalsgemeinschaft – Vollendung

11. Die Sorge um eine gute Sterbestunde 93
Die Krankensalbung – Ein beeindruckendes Zeugnis – Gebete um eine gute Sterbestunde

12. Was ist ein Ablaß? **105**
Die Sünde und ihre Folgen – Die Sünde und Gott – Die Aufarbeitung der Sündenfolgen – Geschenk in der Gemeinschaft der Kirche – Ablässe gewinnen – Vollkommener Ablaß und Teilablaß – Verschiedene Gewährungen

13. Noch eine letzte Frage … **115**
Wenn es keinen Tod gäbe ... wäre die Erde nicht hoffnungslos überbevölkert? – Ist Hitler in der Hölle? – Gibt es wirklich einen Teufel und Dämonen? – Was versteht man unter dem „Antichrist"? – Was versteht man unter der „Auferstehung im Tod"? – Was versteht man unter der „Höllenfahrt Christi"? – Ich komme auf jeden Fall in die Hölle! – Soll man für die Verstorbenen Messen feiern lassen? – Was geschieht mit den Menschen, die ohne Taufe sterben?

14. Die Zukunft hat bereits begonnen **125**

1.

Wie ein Baum, den man fällt …

„Wie ein Baum, den man fällt, eine Ähre im Feld, möcht' ich im Stehen sterben." So singt Reinhard Mey in einem seiner Lieder[1] und drückt damit eine heute auch in christlichen Kreisen ungeheuer populäre Einstellung zum Sterben aus. Als Geistlicher mache ich häufig die Erfahrung, daß die Angehörigen eines plötzlich Verstorbenen – neben der Trauer und dem Schmerz über den Verlust[2] und die fehlende Möglichkeit, Abschied zu nehmen – den plötzlichen oder schnellen Tod als eine wirkliche Gnade empfinden: „Für ihn war es sicher besser so …". Reinhard Mey bringt dieses Gefühl auf den Punkt: „Zum letzten Abgang, jenem herben, der mir so unsagbar schwer fällt, hätt' ich den leichtesten gewählt: Ich möcht' im Stehen sterben." Wenn ich schon sterben muß, dann soll es möglichst schnell gehen. Niemand wünscht sich, an einer schweren Krankheit qualvoll zugrunde zu gehen, ans Bett gefesselt, völlig abhängig von der Hilfe anderer. Niemand möchte gerne dahinsiechen oder unter einem heimtückischen, immer weiter vo-

---

[1] Vgl. Reinhard MEY, Alle Lieder von Anfang an bis heute (Bonn 1977), 10.

[2] Unter seinem natürlichen Aspekt zeigt der Tod seinen großen Schrekken vor allem im Tod des geliebten Menschen. Vgl. dazu die Ausführungen in: Dietrich VON HILDEBRAND, Über den Tod (St. Ottilien [2]1989), 10ff.

ranschreitenden Verlust der eigenen Erinnerung, Geschichte und Persönlichkeit dahindämmern. Nein, da erscheint es doch besser und wie eine Gnade, „wenn es schnell geht".

Ein guter Tod?

In den letzten Jahrzehnten hat sich bei der Frage, wie ein guter Tod aussehen sollte, ein offenkundiger Wandel vollzogen. Die christlichen Generationen vor uns haben noch um einen guten Tod gebetet. Aber sie haben etwas völlig anderes darunter verstanden als wir, nämlich eigentlich das Gegenteil von dem „Sterben im Stehen", das uns heute so attraktiv erscheint. „A subitanea morte – libera nos, Domine! – Von einem plötzlichen Tod – Herr, befreie uns", flehen gläubige Christen noch heute in einer Bitte der Allerheiligenlitanei.[3] Der plötzliche Tod – das ist ein Übel, etwas, das man unter allen Umständen vermeiden möchte. Aber nicht, weil man sich ein langes Leidenslager wünscht, sondern weil es für den Christen ganz wichtig ist, nicht unvorbereitet in den Tod zu gehen. „Ich hoffe zu sterben, wohl vorbereitet und gestärkt durch den Empfang der heiligen Sakramente und in der Gemeinschaft der Heiligen", heißt es in einem Gebet von Kardinal Newman.

---

[3] Vgl. z.B. Gotteslob – Katholisches Gebet- und Gesangbuch, Nr. 762. Auch als Stoßgebet wird diese Bitte im Gotteslob empfohlen, vgl. Gotteslob, 11.

Was sich hier verändert hat, ist die Perspektive für das, was nach dem Tod geschieht, für die Ewigkeit. Wir haben heute die Ewigkeit aus den Augen verloren. Was nach dem Tod geschieht, ist eigentlich nicht mehr so wichtig für mein Leben hier und jetzt. Ob ich – wie es in manchen Todesanzeigen noch altmodisch heißt – „versehen mit den Gnadenmitteln der heiligen Kirche" sterbe oder nicht, das ist für viele Menschen zweitrangig geworden. Man denkt bis zum Tod und nicht weiter.

Verdunstung des Glaubens

Ohne Zweifel hängt dieser Verlust der Perspektive der Ewigkeit damit zusammen, daß die traditionellen kirchlichen Glaubensvorstellungen über die „Letzten Dinge", über das, was nach dem Tod geschieht, nämlich Gericht, Hölle, Fegefeuer, Himmel, Auferstehung des Fleisches usw., heute von vielen Christen abgelehnt werden. Ein Begriff wie „Fegefeuer" ist für viele nicht mehr mit einem sinnvollen Inhalt in Verbindung zu bringen; er hat keine Plausibilität und deshalb auch keine Relevanz mehr.

Oft hört man auch das weit verbreitete Vorurteil, mittelalterliche Vorstellungen von „Hölle", „Gericht" oder „Fegefeuer" dienten einst nur dazu, den Menschen Angst zu machen, um sie besser manipulieren zu können. Und man führt aus, daß solche Vorstellungen doch mit dem Gott der Liebe, den wir aus dem Neuen Testament kennen, unvereinbar seien: „Ich kann mir nicht vorstellen, daß Gott, der doch die Liebe ist, einen Menschen verdammt und auf ewig in die Hölle schickt!" Eine solche Aussage wirkt sehr überzeugend. Unwillkürlich wird zustimmend mit dem Kopf genickt – ja, das klingt doch eigentlich logisch, oder?

Andererseits muß man aber fragen: Wenn ich diese klassischen Glaubensinhalte ablehne, was glaube ich denn dann als Christ von dem, was nach dem Tod kommt? Und da hört man meist Antworten wie: „Wenn man stirbt, kommt man in den Himmel, das heißt zu Gott. Man findet seinen Frieden, man ist mit dem verstorbenen Ehepartner wieder vereint" usw. Diese Antworten lassen aber viele Fragen unbeantwortet: Gilt das denn für alle Menschen? Ist es denn dann nicht völlig egal, was ich tue und wie ich lebe? Kommen auch richtige Schweinehunde in den Himmel? Zugespitzt und provokativ gefragt: Ist Adolf Hitler dann auch im Himmel?
Man spürt sofort: So einfach kann ich mir die Sache dann doch nicht machen. Man kommt in den Himmel, Punkt. Das reicht offensichtlich nicht aus, dieser Glaube ist etwas zu dünn, zu wackelig, mit zu vielen Fragezeichen versehen, um eine wirkliche Grundlage meines Lebens und Sterbens zu sein.

Todes-Angst

Vielen Menschen machen die klassischen Begriffe „Fegefeuer", „Gericht", „Hölle" Angst. Das haben wir doch jetzt endlich überwunden! Die Botschaft des Evangeliums soll doch eine „Frohbotschaft" sein, nicht eine „Drohbotschaft"! Die armen Gläubigen in früheren Zeiten klapperten vor Angst mit den Zähnen, während wortgewaltige Prediger von der Kanzel herab furchterregende Visionen des Höllenfeuers schilderten. Doch wir sollten nicht einfach davon ausgehen, daß die Prediger früherer Zeiten aus unlauteren Motiven handelten: Sie predigten nicht über die Hölle und ihre Strafen, um die Leichtgläubigkeit der Menschen auszunutzen, sondern weil sie im Gegenteil von einer tatsächlichen, realen Gefahr überzeugt waren: Daß nämlich wir Menschen Gefahr laufen, unser ewiges Seelenheil aufs Spiel zu setzen und deshalb die Warnung und Mahnung dringend nötig haben. Und sie warnten mithilfe abschreckender Beispiele – ähnlich, wie man heute die Gefahren eines Autounfalls eindringlich beschreibt, um junge Fahrer vor den Folgen des Leichtsinns zu warnen und ihnen einen vorsichtigen Fahrstil ans Herz zu legen. Ob dies eine erfolgreiche Methode ist, sei dahingestellt; unredlich ist sie jedenfalls nicht.

Und ganz abgesehen davon: Geht es uns denn heute so viel besser als den angeblich angstbesetzten Christen früherer Zeiten? Sehen wir heute wirklich völlig ohne Angst – denn an die Existenz der Hölle und des Fegefeuers glauben wir ja nicht – unserem Tod entgegen?

Ist es nicht vielmehr so, daß die Angst sich einfach verlagert hat? Früher hatten die Christen Angst vor der ewigen Verdammnis und den Höllenstrafen. Und heute? Heute haben sie Angst vor dem Sterben –

noch nicht einmal vor dem Tod an sich, der ja oft mit der etwas nebulösen Vorstellung von „in den Himmel kommen“, „Frieden finden“ usw. verbunden wird. Nein, heute haben wir Angst vor der unheilbaren Krankheit, vor dem Alter mit seinen Gebrechen, kurz gesagt: vor dem Leiden. Denn eigentlich ist es ja nicht so, daß wir heute völlig angstfrei und unbefangen mit dem Thema Tod und Sterben umgehen. Ganz im Gegenteil: Die unheilbare Krankheit, die Gebrechen des Alters, das Leiden in jeder Form machen uns heute viel mehr Angst, als es die wirkungsvollste Höllenpredigt jemals vermochte. Krankheit, Gebrechen, Behinderungen, Leid – all das wollen wir in unserer schönen, jungen, aktiven Spaßgesellschaft nicht haben, das darf nicht vorkommen. Weg damit, so daß wir es ignorieren können.

Gesundheit ist doch das Wichtigste!

Mit dieser Entwicklung schreitet das Abbröckeln der christlichen Glaubensfundamente einher – und ein neues Dogma ist geboren. Ein Versuch: Verkündet man in einer beliebigen Runde, Gesundheit sei doch das Wichtigste, so wird man überall ernsthaft nickende Köpfe sehen und bestätigendes Gemurmel vernehmen. Während die Christen früher davon überzeugt waren, der Sinn ihres Lebens bestehe darin, Gott zu finden, ihm zu dienen, ihn zu lieben und einst ewig bei ihm zu sein,[4] ist Sinn und Ziel unseres Lebens erst einmal, gesund und fit zu sein. Manfred Lütz beschreibt das Phänomen und die Folgen einer neuen fundamentalistischen, lustfeindlichen und menschenverachtenden "Gesundheitsreligion".[5] Leid und Schmerzen, Krankheit und ein bewußtes Sterben kommen darin nicht vor – das wollen wir vermeiden. Und schon pocht leise, aber nachdrücklich die Euthanasie-Bewegung aus den Niederlanden an unsere Tür. Der "schöne" Tod als perfekte Antwort auf unsere Angst vor dem Leiden: schnell, schmerzlos und sauber.

Dann spüre ich doch nichts mehr ...

Die Angst vor dem Leid und vor dem langsamen Sterben hat oft einen besonderen Hintergrund, nämlich die Auffassung: Mit dem Tod ist alles aus, ich versinke im großen Nichts, aber das ist ja nicht schlimm, denn das spüre ich ja nicht mehr, da muß ich nicht mehr leiden. Eine solche Haltung geht davon aus, daß nur das bewußt erlebte Leid ein wirkliches Übel sei. Aber das stimmt nicht: „In Wahrheit ist die Existenz als personales Sein ein so unerhörtes, fundamentales, selbstverständliches Gut, daß wir uns seines Wertes gewöhnlich nicht voll bewußt werden. Es ist außerdem die Grundlage für alles andere: für

---

[4] Vgl. z.B. Katholischer Katechismus der Bistümer Deutschlands (Frankfurt [5]1962), 6.

[5] Manfred LÜTZ, LebensLust – Wider die Diät-Sadisten, den Gesundheitswahn und den Fitness-Kult (München 2002).

alles Glück, für alles Leiden, für die Seligkeit. Der Verlust dieses fundamentalen Gutes, das Versinken ins Nichts, wäre ein furchtbares Übel, ein entsetzlicher Verlust, der durch die Tatsache, daß wir nicht mehr darunter leiden würden, wenn wir aufhörten zu existieren, nicht weniger furchtbar wird."[6]

Eine wichtige Frage

Was geschieht nach dem Tod? Diese Frage ist zweifelsohne eine der wichtigsten Fragen meines Lebens. Dies ist nicht ohne weiteres einzusehen. Warum, so könnte man fragen, soll diese Frage denn jetzt und hier für mich so wichtig sein? Sicher, wenn ich einmal alt oder krank bin, dann werde ich mich mit solchen Fragen beschäftigen. Aber jetzt und hier – da sind doch die vielen anderen Dinge meines Lebens viel wichtiger: Liebe und Freundschaft, Beruf und Familie, Hobbys, Vereine, Freizeit usw. Und wirkt nicht die Beschäftigung mit dem Tod und mit der Frage nach dem, was danach geschieht, ein wenig makaber und depressiv? Wir sind doch vernünftige, gesunde Menschen – fort mit all diesen nutzlosen Grübeleien!

Wenn man es ruhig überlegt, dann liegt die Relevanz der Frage nach Tod und Ewigkeit für mein Leben jetzt und hier eigentlich auf der Hand. Wenn ich nicht mehr wirklich mit der Ewigkeit rechne, wird

---

[6] Vgl. VON HILDEBRAND, 21.

mein Leben auf Erden viel, viel wichtiger. Man bedenke: Was bedeuten sechzig, siebzig, achtzig, neunzig Jahre im Vergleich zur Ewigkeit? Habe ich aber die Ewigkeit aus den Augen verloren, stehe ich ihr gleichgültig gegenüber, so gewinnt meine relativ kurze Lebenszeit ungeheuer an Bedeutung, dann muß ich alles herauspressen, was geht, dann muß ich mir selbst der Nächste sein und darauf hoffen, daß Krankheit, Leid und Sterben mich möglichst spät treffen.[7]
Wenn ich aber davon ausgehe, daß es nach dem Tod ein Gericht gibt und daß ich mich für mein Leben, für die Worte und Taten eines ganzen Lebens verantworten muß, dann lebe, rede und handle ich anders, behutsamer und liebevoller vielleicht: „Denn wir alle müssen vor dem Richterstuhl Christi offenbar werden, damit jeder seinen Lohn empfängt für das Gute oder Böse, das er im irdischen Leben getan hat.“ (2 Kor 5,10) Was ich von der Ewigkeit glaube, das hat schon jetzt und hier für mich Bedeutung.

Letztlich entdecken wir die Relevanz der Frage nach Tod und Ewigkeit auf einer viel tieferen Ebene. Denn für uns Christen hat die Ewigkeit schon angefangen! Für uns Christen existiert eigentlich die schroffe und scharfe Grenze des Todes nicht mehr

[7] Ganz abgesehen davon, daß uns bei der Vorstellung eines nie endenden irdischen Lebens zu Recht unbehaglich wird. Eine “Abschaffung“ des Todes führt letztlich nicht zu einer beseligenden Ewigkeit, sondern eher zu einer Art Hölle auf Erden. Vgl. VON HILDEBRAND, 10. In dem Film „Der Tod steht ihr gut“ wird dieses Thema auf unterhaltsam-satirische Weise behandelt („Death becomes Her“), Regie Robert Zemeckis (1992).

in ihrer ursprünglichen Tragweite. Unser ewiges Leben beginnt schon heute.

"Deathproof": Resistent gegen den Tod

Unser ewiges Leben beginnt schon hier und jetzt – angesichts dieser Erkenntnis muß man erst einmal innehalten und tief Luft holen. Was soll das denn bedeuten? Es handelt sich um eine so grundlegende und evidente Tatsache unseres christlichen Glaubens, daß wir sie oft schon gar nicht mehr bewußt in ihrer ganzen Tragweite wahrnehmen.
Der entscheidende Punkt ist das Sakrament der Taufe. Dort empfangen wir bereits das neue Leben – das Leben, dem der Tod nichts mehr anhaben kann. Wenn wir sagen, daß wir in der Taufe zu Kindern Gottes werden und daß uns die Erbsünde vergeben wird, dann ist genau dies gemeint: Gott schenkt uns ein Leben, das hinüberreicht in die Ewigkeit; ein Leben, das Jesus uns schenkt und das nicht nur über den Tod hinaus besteht, sondern gerade im Tod erst zur vollen Entfaltung kommt.[8]
Wir besitzen also durch die Taufe zwei Arten von Leben: einmal das natürliche Leben, das wir mit allen Menschen teilen, das immer durch den Tod bedroht ist und einmal im Tod sein Ende findet.

---

[8] Vgl. Jan BOTS, Piet Penning DE VRIES, Moral und Erfahrung – Die geistliche Erfahrung als Quelle für das christliche Handeln in der Welt. Zur Theorie und Praxis der Unterscheidung der Geister (Kevelaer 2000), 55.

Zum anderen besitzen wir das übernatürliche Leben, das Jesus uns in der Taufe schenkt und das wir durch die Sakramente, besonders durch die heilige Eucharistie, nähren, stärken und wachsen lassen. „Jesus stellt dem Leben zum Tode ein Leben gegenüber, das lebendig macht. Durch den Umgang mit Jesus empfängt der Mensch immerfort neues, wahres Leben. Der Evangelist Johannes nennt es ‚ewiges Leben', ein Leben von jenseits des Todes, das fortwährt über den Tod hinaus. In der vom Englischen beherrschten Geschäftssprache werden bestimmte Artikel als ‚shockproof' oder ‚waterproof' angepriesen; in dieser Terminologie könnten wir sagen, das Leben, das Jesus uns schenkt, ist ‚deathproof' – resistent gegen den Tod. Dieses Leben wurde in der Taufe in unsere Herzen ausgegossen. Dieses Leben entströmt Jesus fortwährend, um einen Schutzwall gegen die Mächte des Todes zu bilden und sie zu überwinden."[9]

Unser ewiges Leben hat bereits mit unserer Taufe angefangen. Wir stehen schon heute mitten in der Ewigkeit. Und wenn wir darauf achten, dieses Taufgeschenk des neuen Lebens nicht zu verlieren, wenn wir es pflegen und wachsen lassen, dann können wir gleich zwei Fliegen mit einer Klappe schlagen: Einmal werden wir weniger Angst haben vor der Krankheit, dem Leiden und Sterben; wir werden einen Weg finden, unser Leid mit dem Leid des Herrn zu verbinden und es so mit Sinn zu erfüllen. So gewinnen wir die Perspektive der Ewigkeit zurück und

---

[9] Ebd., 80f.

damit die Mitte einer christlichen Existenz. Zum anderen können wir uns einen neuen Zugang erschließen zu den nach wie vor gültigen klassischen katholischen Glaubensinhalten wie „Hölle“, „Fegefeuer“, „Gericht“ oder „Auferstehung der Toten“. Und wir werden entdecken, wie diese „Letzten Dinge“ bereits jetzt und hier in unsere Gegenwart hineinragen.

2.

Der Tod

Wie begegne ich dem Tod?

Was geschieht uns nach dem Tod? Da dies eine der wichtigsten Fragen unseres Lebens ist, kommt es entscheidend darauf an, in welcher Haltung wir unserem eigenen Tod begegnen.[10]
Eine Form des heutigen Umgangs mit dem Tod wurde bereits beschrieben: die Verdrängung, der Versuch, den Tod in der bürgerlichen Gesellschaft zu verbergen. So gibt es amerikanische Tageszeitungen, bei denen das Wort „Tod“ nicht gedruckt werden darf.[11] Der Gedanke an das Sterben und den Tod wird ausgeschlossen, und die Diskussion um Euthanasie nimmt auch in unserem Land zu. Selbst ernannte “Sterbebegleiter“ werben öffentlichkeitswirksam für den Selbstmord mit Hilfestellung ihrer Organisation. Es gibt aber auch Anzeichen einer Veränderung: Das stetige Wachstum der Hospiz-

---

[10] Vgl. zur gesamten Theologie des Todes: Johann AUER, Josef RATZINGER, Kleine Katholische Dogmatik IX – Eschatologie, Tod und ewiges Leben (Regensburg [6]1990), 66ff.; Anton ZIEGENAUS, Die Zukunft der Schöpfung in Gott – Eschatologie = Leo SCHEFFCZYK, Anton ZIEGENAUS, Katholische Dogmatik VIII (Aachen 1996) 65ff.; Ludwig OTT, Grundriß der katholischen Dogmatik (Freiburg [10]1981), 563ff.; Romano GUARDINI, Die letzten Dinge – Die christliche Lehre vom Tode, der Läuterung nach dem Tode, Auferstehung, Gericht und Ewigkeit (Mainz [3]1998, unveränderter Nachdruck der [6]1966), 11ff.
[11] Vgl. AUER, RATZINGER, 66.

Bewegung zeigt, daß sich wieder mehr Menschen der Tatsache bewußt werden, daß das Sterben und der Tod zu unserem Leben gehören und in Würde bewältigt, durchlitten, ja gelebt werden wollen. Andernfalls führt die Dehumanisierung des Todes zur Dehumanisierung des Lebens selbst: Wo es gefährlich ist, den Tod menschlich anzunehmen, da wird das Menschsein überhaupt gefährdet.

Eine weitere Form ist die Bagatellisierung des Todes durch die Medien. Im Fernsehen und im Kino als fiktives Spektakel inszeniert verliert der Tod in der Realität seine absolut ernste Bedeutung für den Menschen.

Und schließlich existiert die nihilistische oder trotzige Haltung gegenüber dem Tod. Man sieht dem sinnlosen, zerstörerischen Tod tapfer ins Auge und versucht, ihn gerade so zu bestehen. Etwas von diesem trotzigen Heroismus, von der tapferen Hoffnungslosigkeit angesichts der empfundenen Sinnlosigkeit des Todes, klingt in einem kurzen Gedicht von Erich Kästner an:

Liebe das Leben und denk an den Tod!
Tritt, wenn die Stunde da ist, stolz beiseite.
Einmal leben zu müssen, heißt unser erstes Gebot.
Nur einmal leben zu dürfen, lautet das zweite.

Eine auf den ersten Blick durchaus sympathische, sozusagen ehrenvolle oder ritterliche Haltung dem Tod gegenüber. Aber „wenn wir unser Gefühl genau vor die Sache bringen, dann erklärt es alle diese Antworten für falsch. Sie entsprechen nicht der ganzen Wirklichkeit, sondern immer nur bestimmten Seiten an ihr. Sie halten dem Wesen dessen, um das es sich handelt, nicht stand, sondern weichen nur aus … Die Wahrheit ist anders. Nicht der Tod, sondern das Leben ist das Letzte."[12]

Der Tod, die Folge der Sünde

Für den Christen läßt sich zunächst festhalten: Der Tod ist nicht natürlich, nicht naturnotwendig. In der Schöpfung Gottes war er ursprünglich gar nicht vorgesehen. Es ist wichtig, dies zu betonen, weil es oft übersehen wird. Zu leicht hält man den Tod im Kreislauf des ständigen Werdens und Vergehens für etwas Notwendiges. Aber gerade das ist er nicht, der Tod hat keinen „natürlichen", sondern einen „geschichtlichen" Charakter.[13] Der heilige Paulus schreibt im Römerbrief: „Durch einen einzigen Menschen kam die Sünde in die Welt und durch die Sünde der Tod, und auf diese Weise gelangte der Tod zu allen Menschen, weil alle sündigten." (5,12) Er bezieht sich hier auf das erste Buch der Heiligen Schrift (Genesis), in dem der „Sündenfall" beschrieben wird (3,1–24): Gott hat die Welt und den Menschen ursprünglich gut erschaffen. Der Mensch, dessen Natur aus Leib und Seele besteht, lebte im Einklang mit Gott, im Einklang der Geschlechter und in Harmonie mit der Natur. Er lebte auch als Kind

[12] Vgl. GUARDINI, 17.
[13] Ebd., 20.

Gottes, er war teilhaftig des göttlichen Lebens; seiner menschlichen Natur wurde dieses neue, göttliche Leben eingegossen („Übernatur"). Der Teufel versuchte den Menschen und verführte ihn zur ersten und grundlegenden Sünde. Obwohl es ihnen verboten war, aßen Adam und Eva von der Frucht des Baumes und erkannten Gut und Böse. Das bedeutet: Sie wollten sein wie Gott, selbst bestimmen und festlegen, was gut und was böse ist. Sein wollen wie Gott, autark, unabhängig; nicht mehr Geschöpf sein, sondern auf einer Ebene mit Gott stehen wollen – das ist das Wesen der Ursünde. Auch der Teufel, ursprünglich ja der größte und schönste aller Engel, entschied sich im Augenblick seiner Erschaffung gegen Gott und wurde so zum Anti-Engel, zum Teufel. Die Ursünde hat für den Menschen furchtbare Folgen: Das Paradies hört auf. Der Einklang mit Gott wird gestört, der Mensch ist aus eigener Kraft nicht mehr in der Lage, zu Gott zu gelangen, Gott zu finden. Er ist nicht länger ein Kind Gottes, er verliert das göttliche Leben. Auch seine menschliche Natur erleidet Schaden: Die Harmonie der Geschlechter wird gestört, die Natur wird feindlich, der Mensch muß ihr seinen Lebensunterhalt abtrotzen. Mit der Sünde kommen auch der Tod, Krankheit und Leid in das Leben des Menschen. Und die schlimmste Folge ist der ewige Tod, das ewige Getrenntsein von Gott, das heißt auch: vom Glück, vom Guten, vom Schönen.

Und es ist das Geheimnis der Ursünde, daß sie sich von Anfang an auf alle Menschen erstreckt. Jeder Mensch wird in sie hineingeboren, ohne persönlich etwas dafür zu können. Deshalb bezeichnet man die Ursünde ja auch als Erbsünde: Man „erbt“ sie. Letztlich werden wir das Geheimnis des Bösen nie ganz verstehen können. Es bleibt verborgen, dunkel, unheimlich.

Gott hat aber sozusagen in der Menschheitsgeschichte nicht locker gelassen. Immer noch will er das Heil des Menschen und so ist er selbst Mensch geworden in Jesus Christus, um uns zu erlösen. Und darin besteht die Erlösung: daß die ewige Strafe der Ursünde wieder aufgehoben wird, daß die Tore des Himmels weit aufgerissen werden und Gott selbst den tiefen, für den Menschen unüberwindlichen Graben überbrückt hat durch seine Menschwerdung, seinen Tod und seine Auferstehung. In der Taufe wird uns diese Erlösung zuteil. Die furchtbare Erbsünde mit ihren ewigen Folgen – dem ewigen Tod, dem ewigen Getrenntsein von Gott – wird uns vergeben, wir werden wieder zu Kindern Gottes, erhalten Anteil am göttlichen Leben, empfangen die heiligmachende Gnade, erhalten das Leben, das Jesus uns gleichsam mit dem Markenzeichen “deathproof“ schenkt. Leider verbleiben uns aber in diesem Leben die zeitlichen Folgen der Erbsünde, so z.B. die bleibende Hinneigung zum Bösen: Es fällt uns schwerer, das Gute zu tun als das Böse. Auch unsere Krankheiten und Leiden und schließlich auch unser Tod sind Folgen der Erbsünde.

Unser Leben ist ein Ernstfall

Der Tod markiert das Ende unseres Lebensweges. Unsere Lebenszeit ist einmalig, wir können sie nicht wiederholen. Unseren Lebensweg können wir nur einmal gehen. Wir sind als Christen eingeladen, diesen Lebensweg als Pilgerweg zu verstehen, den wir mit Christus zum Vater gehen. In unserer Lebenszeit müssen wir eine Entscheidung – die wichtigste Entscheidung unseres Lebens – treffen: Sagen wir Ja zum Leben, das Jesus uns schenkt, zum ewigen Leben, an dem wir heute schon Anteil erhalten? Sagen wir Ja zu Gott, unserem Vater, der uns die ewige Seligkeit, die vollkommene Erfüllung all unserer Sehnsucht, schenken will? Entscheiden wir uns für die Ewigkeit, für die wir geschaffen sind? Sagen wir Ja zu der Erlösung, die Christus uns durch seinen Tod und seine Auferstehung geschenkt hat? Sagen wir Ja zur endgültigen Erfüllung unseres Lebens?
Wir sind aufgerufen und eingeladen, diese Entscheidung zu unseren Lebzeiten zu treffen. Immer wieder spricht Jesus davon, daß wir sie nicht aufschieben dürfen, daß wir wachsam sein sollen: „Darum haltet auch ihr euch bereit! Denn der Menschensohn kommt zu einer Stunde, in der ihr es nicht erwartet." (Mt 24,44) Wenn wir einmal sterben, dann soll die Grundentscheidung unseres Lebens, unser großes Ja, getroffen worden sein. Wenn der Tod uns ereilt, ganz gleich, ob wir morgen einen tragischen Unfall haben oder mit neunzig Jahren einen Herzinfarkt erleiden – unsere Entscheidung sollte feststehen. Denn

sonst ist es zu spät. Unser Leben ist ein Ernstfall. Das dürfen wir niemals vergessen.

Wir sind mit Christus verbunden

Auch wenn uns in der Taufe das ewige Leben geschenkt ist, steht uns unser eigener Tod noch bevor. Indem Jesus uns sein Leben schenkt, verbindet er sich mit uns. Wir tragen nicht nur seinen Namen, sondern sind im wahrsten Sinne des Wortes Glieder seines Leibes: „Denn wie der Leib eine Einheit ist, doch viele Glieder hat, alle Glieder des Leibes aber, obgleich es viele sind, einen einzigen Leib bilden: so ist es auch mit Christus. Durch den einen Geist wurden wir in der Taufe alle in einen einzigen Leib aufgenommen, Juden und Griechen, Sklaven und Freie; und alle wurden wir mit dem einen Geist getränkt." (1 Kor 12,12f) Unser Leben ist seit der Taufe mit Christus verbunden, und so wie er müssen auch wir manchmal das Kreuz tragen und den Leidensweg gehen. So wie er müssen auch wir den Tod erleiden und sterben. Aber mit ihm – dem Sieger über den Tod – wird der Tod für uns nicht zur Sackgasse und Endstation, sondern zum Entfaltungspunkt des neuen Lebens, das uns bereits geschenkt ist. Die Auferstehung Jesu Christi ist der Grundpfeiler unseres ganzen Glaubens: „Ist aber Christus nicht auferweckt worden, dann ist unsere Verkündigung leer und euer Glaube sinnlos" (1 Kor 15,14), stellt Paulus fest. Unser Glaube, unsere Hoffnung, unser Leben –

alles steht und fällt mit dem Tod und der Auferstehung Jesu Christi.

In den Tod Jesu hineinsterben

Wenn wir deshalb fragen, in welcher Haltung wir als Christen unserem Tod entgegensehen sollen, müssen wir bei Jesus Christus ansetzen. Josef Kardinal Ratzinger weist darauf hin, daß der Mensch eigentlich erst dann, wenn er liebt, erfährt, was Leben bedeutet.[14] Unser Verlangen nach Unsterblichkeit entspringt deshalb nicht einem Egoismus, sondern kommt aus dem Du, aus der Gemeinschaft, aus der Liebe. Der Tod ist in unserem Leben nicht nur im Sinne des biologischen Endes unserer Existenz, in der unser Leben durchziehenden Auflösung, in Krankheit und Sterben anwesend, sondern auch in der Liebe, die sich selbst zurückläßt und sich hinschenkt und weggibt an den anderen – wie Jesus uns gezeigt hat: „Es gibt keine größere Liebe, als wenn einer sein Leben für seine Freunde hingibt.“ (Joh 15,13)

Und die Liebe ist letztlich auch der Weg, der es uns ermöglicht, Leid annehmen zu können. Krankheit und Leiden sind oft schwer zu ertragen, aber sie sprengen auch unsere Selbstzufriedenheit auf. In der Auseinandersetzung mit dem Leid werde ich mit der Tatsache konfrontiert, daß ich über mein eigenes Leben nicht verfügen kann. Und angesichts dieser Erkenntnis bleiben zwei Möglichkeiten: Ich kann

[14] Vgl. AUER, RATZINGER, 85ff.

trotzig versuchen, mir diese Macht dennoch zu verschaffen (und damit in die Ursünde zurückfallen), oder ich kann versuchen, den Weg Jesu, den Weg der Liebe zu gehen und mich der fremden Macht, nämlich Gott, anvertrauen, so wie es Jesus getan hat, als er in der Nacht am Ölberg in der äußersten Einsamkeit und Finsternis der absoluten Gottesferne für uns in die schreckliche Tiefe der Schuld der ganzen Menschheit hineingegangen ist: „Da ergriff ihn Angst und Traurigkeit, und er sagte zu ihnen: Meine Seele ist zu Tode betrübt. Bleibt hier und wacht mit mir! Und er ging ein Stück weiter, warf sich zu Boden und betete: Mein Vater, wenn es möglich ist, gehe dieser Kelch an mir vorüber. Aber nicht wie ich will, sondern wie du willst.“ (Mt 26,37ff) Der Christ stirbt in den Tod Jesu hinein; die fremde Macht, die über mein Leben verfügt, ist keine blinde Naturgesetzlichkeit, sondern die Liebe. Wenn wir sterben, sterben wir in den Tod Jesu hinein, der sich selbst ganz in die Liebe des Vaters hineingegeben hat und so für uns und mit uns gestorben ist. Christlich zu sterben, das bedeutet nicht, den Tod zu verdrängen und ihn zu fliehen. Es bedeutet nicht, den plötzlichen, schnellen, bequemen Tod herbeizusehnen. Natürlich bedeutet es auch nicht, sich Leid und Krankheit zu wünschen. Aber es bedeutet, das Sterben anzunehmen in der Haltung einer vertrauensvollen Liebe, einer Liebe, die weiß, daß Jesus uns sein Leben schon jetzt geschenkt hat und daß wir mit und in diesem seinem Leben, daß wir mit und in ihm durch den Tod hindurchgehen in die Ewigkeit des Vaters.

„So ist der Tod das letzte Wagnis, an Christi Hand, in die große Verheißung hinüber. In all der Bedrängnis und Zerstörung, in all der Hilflosigkeit und Qual, die das Sterben bedeuten kann, ist das Sterben Christi enthalten – das aber ist die uns zugewendete Seite jenes Ganzen, dessen andere Seite Auferstehung heißt.“[15]

[15] Vgl. GUARDINI, 32.

3.

Das persönliche Gericht

Unsere Heimat ist im Himmel

„Wir sind nur Gast auf Erden und wandern ohne Ruh mit mancherlei Beschwerden der ewigen Heimat zu.“ Fast jeder katholische Christ kennt die erste Strophe dieses Liedes, das oft bei den Exequien (Beerdigungsmessen) gesungen wird[16] und in dem eine wichtige Grundlage unserer Existenz angesprochen wird: Wir finden hier auf dieser Erde, in diesem Leben keine endgültige Heimat. „Unruhig ist unser Herz, bis es ruht in dir“, sagt der heilige Augustinus. Jeder kann spüren, daß unsere Sehnsucht nach Beständigkeit niemals in diesem Leben erfüllt sein wird. „Jede Lust will Ewigkeit, will tiefe, tiefe Ewigkeit“ (Nietzsche) – aber in diesem Leben zerbricht unsere tiefste Sehnsucht immer wieder durch Krankheit, Leid und Tod. Wir sind nur „Gast auf Erden“, „unsere Heimat aber ist im Himmel“ (Phil 3,20) und „wir wissen, daß wir fern vom Herrn in der Fremde leben, solange wir in diesem Leib zu Hause sind.“ (2 Kor 5,6)[17]

---

[16] Vgl. Gotteslob, Nr. 656.

[17] Allerdings bedeutet das nicht, daß wir Christen deshalb besonders traurige, ständig Trübsal blasende und diese ungastliche Welt hassende Menschen wären. Im Gegenteil – gerade Katholiken wissen auch als Gäste auf dieser Welt die Gastfreundschaft des Schöpfers zu schätzen: „Un-

Deshalb vergleicht die Heilige Schrift unseren Lebensweg auch mit dem Weg eines Wanderers oder Pilgers. Mit dem Tod geht nun dieser Pilgerweg zu Ende, der Tod markiert den Übergang vom „Pilgerstand“ (status viae) hin zu unserer Vollendung (status finalis). Mit dem Tod beginnt unser endgültiges, vollendetes Leben.

Seele und Leib

Die erste, unmittelbare Folge des Todes besteht im Zerfall unserer menschlichen Natur. Wir sind Wesen, die nicht nur einen Leib, sondern auch eine Seele besitzen, wir bestehen nicht nur aus Materie, sondern auch aus Geist.[18] Die Materie, unser Leib, stirbt, er wird ins Grab gelegt, er löst sich auf. Unsere von Gott geschaffene Seele aber ist unsterblich, sie tritt im Tod vor ihren Schöpfer. Diese Begegnung nennen wir das persönliche (individuelle, besondere) Gericht. Zugleich endet mit dem Tod „die Zeit des Wollens und Handelns“[19] – unsere Entscheidung für oder gegen Gott wurde gefällt und ist nun unverrückbar. Nun sind wir ganz und gar passiv. Alles geschieht uns, widerfährt uns, wir selbst können zunächst nichts mehr für uns oder andere tun: „Wir

---

ter katholischem Sonnenschein, da lacht man und trinkt einen guten Wein. Ich fand es jedenfalls überall so; d'rum Benedicamus Domino.“ Vgl. Gilbert Keith CHESTERTON, Thomas von Aquin / Franz von Assisi (Bonn 2003), 9.

[18] Zum Verhältnis von Leib und Seele vgl. ZIEGENAUS, 101ff.

[19] Vgl. GUARDINI, 35.

müssen, solange es Tag ist, die Werke dessen vollbringen, der mich gesandt hat; es kommt die Nacht, in der niemand mehr etwas tun kann." (Joh 9,4)

Liebe oder Gleichgültigkeit

Bereits in der Einleitung wurde deutlich, daß die Annahme, alle Menschen kämen – ob sie nun wollen oder nicht – automatisch in den Himmel, problematisch ist. Denn das würde bedeuten, daß mein Leben mit dem Himmel nichts zu tun hat; dann wäre es egal, wie ich gelebt habe, ob ich Gutes oder Böses getan habe. Und für Gottes Beziehung zu uns hieße das: Gott ist es egal, wie ich lebe. Und dann wäre unser Gott kein liebender, sondern ein äußerst gleichgültiger Gott, dem wir im Grunde völlig egal sind und der uns deshalb nach unserem Tod unterschiedslos behandelt. Das wäre aber nicht unser Gott, es wäre kein Gott, der die Liebe ist und der jeden Menschen sehnsüchtig und heftig liebt. Liebe ist doch das Gegenteil von Gleichgültigkeit! Vielleicht sind solche in unserem Hinterkopf spukende, unreflektierte Gedanken der Grund dafür, daß wir uns den Himmel oft so langweilig vorstellen, und ein solcher Himmel, der aus Gleichgültigkeit Langeweile hervorbringt, wäre dann in Wirklichkeit auch eher die Hölle.

Die Masken fallen

Da wir Gott aber nicht gleichgültig sind, erfahren wir die Begegnung mit ihm im persönlichen Gericht. In dieser Begegnung geht es um die Wahrheit. Wir erkennen, wie es um unsere Beziehung zu Gott in Wirklichkeit bestellt ist. „Der Mensch tritt in seinem Sterben heraus in die unverdeckte Wirklichkeit und Wahrheit. Er nimmt nun den Platz ein, der ihm der Wahrheit nach zukommt. Das Maskenspiel des Lebens, die Zuflucht hinter Positionen und Fiktionen, ist vorbei. Der Mensch ist das, was er in Wahrheit ist. In diesem Wegfallen der Masken, das der Tod mit sich bringt, besteht das Gericht.“[20]

Wir begegnen der Liebe, und diese Liebe zeigt uns deutlich und klar jede Einzelheit unseres Lebens – und sei sie noch so winzig. Jede der unzähligen Entscheidungen, aus denen unser Leben zusammengesetzt ist, kommt ans Licht – das Gute wie das Böse. Manche Heilige[21] weisen darauf hin, daß der Schrecken des Gerichts vor allem darin besteht, als Sünder, beladen mit den unzähligen kleinen und großen Lieblosigkeiten des eigenen Lebens und der eigenen Geschichte, mit der Güte Gottes konfrontiert zu werden. Im Angesicht der absoluten, unbedingten Liebe sehe ich mein eigenes Leben in allen Einzelheiten – für Gott gibt es keine Banalitäten. Jesus warnt uns: „Ich sage euch: Über jedes unnütze Wort,

---

[20] Vgl. AUER, RATZINGER, 169.

[21] Vgl. „Die Erfahrung der Marie Guyart“, in: Jan BOTS, Glaube und Erfahrung (Kevelaer 2000), 95f.

das die Menschen reden, werden sie am Tag des Gerichts Rechenschaft ablegen müssen; denn aufgrund deiner Worte wirst du freigesprochen, und aufgrund deiner Worte wirst du verurteilt werden." (Mt 12,36f)

Das Urteil

Wenn wir vom Gericht sprechen, haben wir oft das Bild der Waage vor Augen, auf der die guten und bösen Taten und Worte gewogen werden. Oder wir denken an das Bild des Buches, das aufgeschlagen wird und in dem die guten und bösen Taten und Worte verzeichnet sind. Wir stellen uns vielleicht eine Art Gerichtssaal vor, in dem wir an der Anklagebank stehen und – nachdem die guten gegen die bösen Taten aufgerechnet wurden – unser Urteil vernehmen. Gott als fieser, kleinlicher Richter? Zu Recht wenden wir uns gegen eine solche, allzu menschliche Vorstellung des Gerichts. Denn Gott teilt uns kein Unheil zu; allein der Mensch kann dem Heil eine Schranke setzen.[22] In diesem Sinne setzen wir selbst unser Urteil, indem wir auf unser Leben blicken, auf unsere Liebes-Beziehung zu Gott, auf unsere Liebes-Geschichte mit Gott. Und hier gibt es zwei wichtige Kriterien.[23] Das erste heißt „Glaube": „Denn Gott hat die Welt so sehr geliebt, daß er seinen einzigen Sohn hingab, damit jeder, der an ihn glaubt, nicht zugrunde geht, sondern das ewige Leben hat." (Joh 3,16) Und das zweite

[22] Vgl. AUER, RATZINGER, 170.
[23] Vgl. BOTS, Glaube und Erfahrung, 98.

heißt „Liebe". Wir erinnern uns daran, daß das wichtigste Gebot das der Liebe ist: „Du sollst den Herrn deinen Gott lieben mit ganzem Herzen, mit ganzer Seele und mit all deinen Gedanken. Das ist das wichtigste und erste Gebot. Ebenso wichtig ist das zweite: Du sollst deinen Nächsten lieben wie dich selbst." (Mt 22,37ff.) Der heilige Johannes vom Kreuz sagte: „Am Abend des Lebens werden wir nach der Liebe gerichtet werden."[24]

Wir werden sehen, wie es in unserem Leben um Glaube und Liebe bestellt war. Aber da Gott nicht nur viel größer ist, als wir uns vorstellen können, sondern weil er uns auch viel mehr liebt, als wir ahnen, brauchen wir keine kleinliche Aufrechnung von Worten und Taten des Glaubens oder Unglaubens, der Liebe oder des Egoismus zu fürchten. „Denn Gott hat seinen Sohn nicht in die Welt gesandt, damit er die Welt richte, sondern damit die Welt durch ihn gerettet wird." (Joh 3,17) Als entscheidend wird sich dabei erweisen, ob wir in unserem Leben barmherzig gewesen sind: „Denn das Gericht ist erbarmungslos gegen den, der kein Erbarmen gezeigt hat. Barmherzigkeit aber triumphiert über das Gericht." (Jak 2,13)

Prophylaxe gegen Gerichtsangst

In der Einleitung wurde angesprochen, daß die „Letzten Dinge" bereits jetzt und hier in unser Le-

[24] Wort auf dem Totenbild der hl. Therese vom Kinde Jesu.

ben hineinragen. Das Gericht ist hierfür ein gutes Beispiel. Wenn uns gerade bei der Betrachtung des persönlichen Gerichts etwas unbehaglich zu Mute wurde, weil wir erahnen können, wie es in unserem Leben um den Glauben und um die Liebe bestellt ist, wenn wir uns in Wirklichkeit und tiefster Wahrheit betrachten – wenn wir uns also so sehen, wie uns Gott sieht und nicht so, wie wir uns selbst gerne sehen würden –, dann stellt sich natürlich auch die Frage: Was sollen wir tun, um im Gericht bestehen zu können? Eine ganz einfache Prophylaxe gegen die Gerichtsangst bietet die Kirche jedem katholischen Christen fast rund um die Uhr: das Sakrament der Versöhnung, die heilige Beichte. Klar, es ist peinlich und unangenehm, beichten zu gehen. Aber wird die völlige Wahrheit und Klarheit über unser Leben im Gericht nicht noch unangenehmer und peinlicher sein? Jetzt schon, hier und heute, schenkt Gott uns die Möglichkeit, Vergebung und Verzeihung für all unsere Schuld zu finden. Die Beichte ist das vorweggenommene Gericht, jetzt schon können wir immer wieder in das Gericht Gottes eintreten – mit einem Unterschied: Im Gegensatz zum Urteil des persönlichen Gerichts steht das Urteil des Beichtgerichts immer schon fest: Barmherzigkeit, Vergebung – Freispruch! Bischof Rudolf Graber erinnert uns: „Wir werden nicht auf einmal, durch eine einzige Beichte, zu Heiligen. Wir müssen mit uns selbst Geduld haben, wie auch Gott Geduld hat. Aber jede gute Beichte ist ein Schritt nach vorn auf dem Weg zu Gott. Vergessen wir niemals: Was im Gericht der

Barmherzigkeit gerichtet wird, kommt nicht mehr vor das Endgericht."

Himmel, Hölle, Fegefeuer

Im persönlichen Gericht wird offenbar, in welcher Weise wir nach dem Tod weiter existieren. Wer sich unwiderruflich gegen Gott entschieden hat, ist verloren. Die Seele kommt in die Hölle. Wer sich für Gott entschieden hat, ist gerettet. Wir sagen: Er kommt in den Himmel. Derjenige, dessen Grundentscheidung für Gott ausgefallen ist, bei dem aber Einzelentscheidungen gegen Gott diese Grundentscheidung noch verdecken, in dessen Leben es noch Schuld gibt und Folgen seiner Schuld noch auf Erden weiter bestehen, muß erst davon befreit werden. Wir sagen: Er kommt ins Fegefeuer (Purgatorium), einen Ort oder Zustand der Reinigung und Läuterung. Was aber können wir über Himmel, Hölle und Fegefeuer sagen und glauben?

4.

Der Himmel

Im Einklang mit Gott

Wann führt das Urteil des persönlichen Gerichts dazu, daß die Seele sofort in den Himmel kommt? Wenn das Leben des Menschen ganz in einen Einklang und in eine totale Offenheit für Gott, für die Liebe, das Gute, die Barmherzigkeit gebracht werden konnte, wenn es keine falschen Bindungen mehr an Geschöpfe und Dinge gibt, die von Gott trennen und wegführen. Die Heilige Schrift drückt dieses Freiwerden im Bild des Sterbens aus: „Denn ihr seid gestorben und euer Leben ist mit Christus verborgen in Gott … Darum tötet, was irdisch an euch ist." (Kol 3,3ff.) Ein schönes Beispiel dafür ist der Schächer am Kreuz: Ein verurteilter Dieb und Mörder, ein richtiger Verbrecher, findet im buchstäblich letzten Moment seines Lebens diese Offenheit für Gott: „Uns geschieht recht, wir erhalten den Lohn für unsere Taten; dieser aber hat nichts Unrechtes getan. Dann sagte er: Jesus, denk an mich, wenn du in dein Reich kommst. Jesus antwortete ihm: Amen, ich sage dir: Heute noch wirst du mit mir im Paradies sein." (Lk 23,41f.)

Die “Poleposition“ erreichen

Der gute Schächer ist im Grunde der erste und einzige Mensch, der noch zu seinen Lebzeiten – und noch dazu durch Jesus selbst – heilig gesprochen wurde. Vielleicht drängt sich uns bei diesem Gedanken die Frage auf: Ist das denn nicht ungerecht? Man könnte denken: Da rackere ich mich mein ganzes Leben lang in der Nachfolge Christi ab und habe das Pech, plötzlich z.B. durch einen Autounfall zu sterben, dieser Verbrecher aber hat das Glück, eine gute Sterbestunde zu erwischen. Eins ist klar: Wir sollen natürlich nicht bis zum letzten Moment warten. Jetzt schon sollen wir versuchen, diesen Einklang, diese Offenheit für Gott, diese Freiheit von allen verkehrten Bindungen zu leben. Dann haben wir die beste “Startposition“ für den Himmel. Es ist ein bißchen wie bei der Formel 1: Es kann vorkommen, daß derjenige, der in der letzten Reihe gestartet ist, Sieger wird (Modell „Schächer“). Aber in der Regel entscheidet über Sieg und Niederlage auch das Training vor dem Rennen. Wenn ich regelmäßig trainiere und gute Zeiten gefahren habe, dann erhalte ich auch einen guten Startplatz – vielleicht sogar die “Poleposition“ – und darf davon ausgehen, alles mir Mögliche getan zu haben, um ein gutes Rennen zu fahren (Modell „Christliches Leben“). Es ist wie bei dem Gleichnis von den Arbeitern im Weinberg (Mt 20,1–16), die zu verschiedenen Stunden des Tages mit der Arbeit beginnen, aber alle den gleichen Lohn erhalten. Als am Ende die, die den ganzen Tag geschuftet haben, nicht mehr bekommen als die, die nur eine

Stunde gearbeitet haben, beschweren sie sich beim Herrn. Er sagt ihnen: „Mein Freund, dir geschieht kein Unrecht. Hast du nicht einen Denar mit mir vereinbart? Nimm dein Geld und geh! Ich will dem letzten ebenso viel geben wie dir. Darf ich mit dem, was mir gehört, nicht tun, was ich will? Oder bist du neidisch, weil ich zu anderen gütig bin? So werden die Letzten die Ersten sein und die Ersten die Letzten.“ (Mt 20,13ff.)

Wir merken: Hier geht es nicht um die Frage nach gerechtem Lohn in unserer Arbeitswelt – auf diese Art kann und darf man keine Firma führen. Es geht um die Barmherzigkeit Gottes. Auch zu uns sagt Jesus: „Geht auch ihr in meinen Weinberg! Ich werde euch geben, was recht ist.“ (Mt 20,4) Blicken wir auf unser Leben, auf unsere Bemühungen, auf die Gnade, die wir erhalten, auf unseren Tod und auf unser Gericht! Neid auf die Gnadengaben, die andere erhalten, versperrt uns den Weg zum Himmel.

Eins hab ich mir vorgenommen ...

Eins hab ich mir vorgenommen – in den Himmel mußt du kommen! Dieser katholische Merksatz früherer Schülergenerationen hat auch für uns nichts von seiner Aktualität eingebüßt. Der Himmel, die ewige Seligkeit, das ist das große Ziel unseres ganzen Lebens. Dieses Ziel vor Augen zu haben, gibt unserem Leben Sinn, Sicherheit und Halt. Doch was bedeutet es, „im Himmel“ zu sein? Wie wird es sein, wenn sich unser Vorsatz und Wunsch erfüllt hat?

Bei Jesus sein

Unser Katechismus erklärt: „Dieses vollkommene Leben mit der allerheiligsten Dreifaltigkeit, diese Lebens- und Liebesgemeinschaft mit ihr, mit der Jungfrau Maria, den Engeln und allen Seligen wird ‚der Himmel' genannt. Der Himmel ist das letzte Ziel und die Erfüllung der tiefsten Sehnsüchte des Menschen, der Zustand höchsten, endgültigen Glücks." (KKK 1024) – Wow! Das hört sich doch gar nicht so schlecht an! Es scheint, als reichten alle Superlative nicht aus, um den Himmel zu beschreiben. Aber wir können versuchen, uns heranzutasten an diese grandiose Wirklichkeit des Himmels.
Zunächst einmal wird der Himmel beschrieben als Lebens- und Liebesgemeinschaft. Der Himmel ist also nicht in erster Linie ein Ort. Oder besser gesagt: Er ist mehr als ein Ort oder Zustand, er ist Begegnung und Gemeinschaft mit Jesus. Als der heilige Stephanus, der erste Märtyrer der Kirche, gesteinigt wurde, da tat er einen Blick in diese himmlische Wirklichkeit: „Er aber, erfüllt vom Heiligen Geist, blickte zum Himmel empor, sah die Herrlichkeit Gottes und Jesus zur Rechten Gottes stehen und rief: Ich sehe den Himmel offen und den Menschensohn zur Rechten Gottes stehen." (Apg 7,55f.)

Anbetung

Wenn wir von Jesus ausgehen, verstehen wir einen weiteren Aspekt der himmlischen Wirklichkeit.

Schon als wir den Tod Jesu betrachtet haben, wurde deutlich, daß Jesus sich voller Vertrauen ganz und gar in die Hand des Vaters gegeben hat – inmitten der Dunkelheit und Finsternis der Sünde, der Verlassenheit und des Todes. Diese Bewegung der Hingabe und Selbstübergabe an den Vater ist kennzeichnend für das ganze Leben und Sein Jesu Christi; sie gehört so sehr zu seinem Wesen, daß man sagen kann: Er ist diese Selbstübergabe an den Vater.[25] Und auch im Himmel hört Jesus nicht auf, ganz diese Hingabe an den Vater zu sein. Wie die Glieder mit dem Leib verbunden sind, so sind wir mit Christus verbunden. Und deshalb werden wir in diese Bewegung der Hingabe, der Anbetung des Vaters, mit hineingenommen. Diese Bewegung der Anbetung beantwortet Gott mit seiner Liebe, die er den Menschen schenkt, mit seiner Fülle, die den ganzen Menschen förmlich durchtränkt. Dieses unmittelbare Teilnehmen am Geheimnis des Dreifaltigen Gottes nennt die Kirche die „beseligende Schau“ (visio beatifica) – den Zustand des nicht mehr überbietbaren, im wahrsten Sinne des Wortes am Ende gültigen Glücks.

Gemeinschaft der Heiligen

Als Glieder des Leibes Christi sind wir im Himmel. Dies bedeutet: Wir sind nicht allein. Wir leben mit Maria und allen Engeln und Heiligen in einer glück-

[25] Vgl. AUER, RATZINGER, 191.

lich machenden Gemeinschaft. Der Himmel ist das Gegenteil von Einsamkeit und Isolation. Hier ist auch der Grund dafür zu sehen, daß wir auf Erden die Heiligen verehren und um ihre Hilfe und Fürsprache bitten können. Denn wir haben schon jetzt Anteil an dieser großen Gemeinschaft des gegenseitigen Helfens und Schenkens. Der Himmel ist Gemeinschaft. Aber das bedeutet freilich nicht, daß wir in diesem Kollektiv völlig aufgehen würden. Der Himmel ist immer auch mein Himmel, er ist individuell. Jeder sieht Gott und empfängt seine Liebe auf eine je eigene Weise. Man könnte sagen, der Lohn des Himmels fällt unterschiedlich aus, so wie auch das irdische Leben der Seligen unterschiedlich ist. Vielleicht kann man es sich so vorstellen, daß wir wie verschiedene Gefäße sind: Die einen fassen mehr als die anderen, aber jedes wird bis zum Rand gefüllt.

Wenn wir von den Heiligen sprechen, meinen wir nicht nur die Menschen, die von der Kirche für heilig erklärt wurden und daher im Gottesdienst verehrt und um ihre Fürsprache gebeten werden dürfen, sondern alle Menschen, die gerettet sind. Und das bedeutet: Wir werden einander wiedersehen, uns erkennen – viel deutlicher und klarer als auf Erden, weil wir uns ohne Masken, in der Wahrheit, begegnen. Das macht Hoffnung: Wir werden unsere Freunde und Verwandten wiedersehen und erkennen – aber auch die Menschen, die unsere Feinde waren oder uns immer fies und unsympathisch vorkamen. Und wenn ich jetzt denke: Oh nein, wenn ich mir vorstelle, mit diesem widerlichen Kerl im Himmel zu sein …, habe ich den Zugang zum Himmel für mich selbst vielleicht längst verwirkt. Dann brauche ich das Wiedersehen mit meinem Widersacher gar nicht zu fürchten, weil ich ihn vielleicht gar nicht treffe – wenn er im Himmel ist und ich nicht. Denn solange ich den Himmel anderen nicht gönnen kann, fehlt mir die wirkliche Offenheit, die wirkliche Liebe, die das Leben im Himmel erst möglich macht.

In einem Aufsatz über die Frage, wie man mit den Fehlern seines Nächsten umgehen soll („Wenn nur „X" sich ändern würde") kommt C.S. Lewis zu dem Schluß: „Weißt du, worum es letztlich geht? – Du siehst nun, daß nichts, nicht einmal Gott mit all seiner Macht, aus ‚X' einen wirklich glücklichen Menschen machen kann, solange ‚X' selbst neidisch, ichbezogen und boshaft bleiben will. Und du kannst sicher sein: Es gibt auch bei dir Dinge, die dich in Ewigkeit unglücklich machen, und nicht einmal Gott selbst kann dich davor bewahren, wenn sich bei dir nichts ändert. Solange du diesen Dingen Raum läßt, gibt es für dich genauso wenig einen Himmel, wie es süße Düfte gibt für einen Mann mit einem Schnupfen oder Musik für einen Gehörlosen. Nicht daß Gott einen Menschen ‚in die Hölle schickt'. Nein, im Herzen eines jeden von uns wächst etwas heran, das ganz von selbst zur Hölle *wird* – wenn wir nicht zulassen, daß es mit Stumpf und Stiel ausgerottet wird. Das ist eine ernste Sache: Darum wollen wir uns doch gleich jetzt in Gottes Hand geben, heute noch, in dieser Stunde."[26]

---

[26] Vgl. C.S. LEWIS, Gott auf der Anklagebank (Basel 1994), 92.

Bilder reichen nicht aus ...

Die Heilige Schrift kennt viele Bilder für den Himmel, sie beschreibt ihn als feierliches Hochzeitsmahl und erzählt, wie das ganze Volk Gottes als Braut geschmückt dem Bräutigam Jesus entgegengeht. Der Himmel ist Leben, das „Land, wo kein Tod mehr ist, das Land der ewigen Freude“[27], er ist der Friede, in den die Verstorbenen aufgenommen werden, und das Licht der Herrlichkeit, in dem sie wohnen; er ist die ewige Ruhe.[28] Christus beschreibt den Himmel als Haus des Vaters, in dem er uns eine Wohnung bereitet hat: „Im Haus meines Vaters gibt es viele Wohnungen. Wenn es nicht so wäre, hätte ich euch dann gesagt: Ich gehe, um einen Platz für euch vorzubereiten? Wenn ich gegangen bin und einen Platz für euch vorbereitet habe, komme ich wieder und werde euch zu mir holen, damit auch ihr dort seid, wo ich bin.“ (Joh 14,2f.) Letzten Endes aber bleibt die Wirklichkeit des Himmels ein Geheimnis, das über jedes Verständnis und jede Vorstellungskraft hinausgeht. Mit Paulus können wir nur sagen: „Wir verkündigen, wie es in der Schrift heißt, was kein Auge gesehen und kein Ohr gehört hat, was keinem Menschen in den Sinn gekommen ist; das Große, das Gott denen bereitet hat, die ihn lieben.“ (1 Kor 2,9) Am besten, wir nähern uns dem Himmel auf dem Weg der Liebe, wie es uns die heilige Therese vom Kinde Jesu vorgemacht hat: „Ich möchte noch recht

[27] Introitus der Beerdigungsmesse.
[28] Ebd.

lange leben, Herr, wenn dies Dein Wunsch ist. In den Himmel möchte ich Dir folgen, wenn Dir dies Freude macht. Die Liebe, dieses Feuer des himmlischen Vaterlandes, hört nicht auf, mich zu verzehren. Der Tod oder das Leben, was können sie mir anhaben? Jesus, meine Freude ist es, Dich zu lieben!"

Ist die Ewigkeit langweilig?

Meistens stellt man sich die Ewigkeit langweilig vor. „Ewig" – wird uns diese lange Zeit nicht doch einmal zu lange erscheinen? Jan Bots erklärt die Ewigkeit so: „Gottes Ewigkeit aber ist eine Erfahrung von ‚Zeit', in der Gott selbst seine Vollkommenheit lebt und andere daran teilnehmen läßt. Die Ewigkeit Gottes wird nicht erfahren als unbegrenzte Dauer, die sich endlos hinzieht, sondern als eine Dauer, die ihre ganze Ausdehnung gleichsam wie in einem Augenblick zusammenballt. Und dieser eine Augenblick währt die ganze Ewigkeit. Das ewige Leben wird uns wie ein Geschenk erscheinen, das wir je neu erhalten. Die Überraschung des ersten Augenblicks geht niemals verloren. Die ewige Freude verschleißt nicht; denn Gott erneuert alles, und zwar fortwährend: ‚Seht, ich mache alles neu!' (Offb 21,5). Er ist ein kreativ Liebender, der das Herz derer, die er liebt, immer neu zu entzücken weiß."[29]

---

[29] Vgl. BOTS, Glaube und Erfahrung, 183.

Sportschau und Schweinebraten

Es gibt die Geschichte von dem Mann, der nach seinem Tod meint, im Himmel zu sein. Dort darf er alles tun und sich alles wünschen, was er möchte. Da sagt er: „Prima, ich möchte einen bequemen Sessel, einen leckeren Schweinebraten und in Ruhe die Sportschau gucken." Er bekommt, was er sich wünscht, doch schon nach einer Woche beschwert er sich und sagt: „Na ja, Schweinebraten ist ja ganz lecker, aber auf die Dauer … Und die Sportschau ist auch toll, aber jeden Tag …? Das ist doch ein bißchen langweilig hier. Komischer Himmel." Und da kommt die Antwort: „Tja, du bist ja auch nicht im Himmel, du bist in der Hölle!"
Was entzückt uns? Was macht uns Freude? Worin besteht das Glück des Himmels? Ist es das, was ich mir wünsche und vorstelle? Oder das, was Gott mir schenkt, was Gott für mich will? Die Freude des Himmels kann ich nur erfahren, wenn ich ganz offen bin für das, was Gott mit mir vorhat. Wenn ich mich verschließe, bleibt der Himmel versperrt.

5.

Das Fegefeuer

Bereits das volkstümliche deutsche Wort „Fegefeuer“ (auch: „Fegfeuer“) wirkt heute bedrohlich, ja abstoßend auf viele Christen. Sehen wir vor unserem geistigen Auge nicht sofort kleine Teufel mit häßlichen Fratzen, die – mit dem Dreizack bewaffnet – die Seelen in große Kessel voller siedendem Öl oder kochendem Wasser treiben? Solche übertriebenen, teilweise verzerrenden und abergläubischen Vorstellungen versperren uns den Blick auf den eigentlichen, bleibenden Gehalt der Lehre vom Fegefeuer.

Gerettet wie durch Feuer

Die Kirche spricht vom „Purgatorium“, dem Ort und Zustand der „Reinigung“ oder „Läuterung“. Unser deutsches Wort „Fegefeuer“ kommt von dem altnordischen „vagen“ (eigentlich „schmücken, zieren“), das heute noch in unserem „fegen“ („reinigen, Ordnung schaffen“) fortlebt.[30] Das Bild des Feuers stammt aus der Heiligen Schrift: „Denn einen anderen Grund kann niemand legen als den, der gelegt ist: Jesus Christus. Ob aber jemand auf dem Grund mit Gold, Silber, kostbaren Steinen, mit Holz, Heu

[30] Vgl. BOTS, Glaube und Erfahrung, 97.

oder Stroh weiterbaut: Das Werk eines jeden wird offenbar werden; jener Tag wird es sichtbar machen, weil es im Feuer offenbart wird. Das Feuer wird prüfen, was das Werk eines jeden taugt. Hält das stand, was er aufgebaut hat, so empfängt er Lohn. Brennt es nieder, dann muß er den Verlust tragen. Er selbst aber wird gerettet werden, doch so wie durch Feuer hindurch." (1 Kor 3,11ff.)
Zunächst einmal können wir festhalten, daß das Fegefeuer nur dem widerfahren kann, der zuvor im persönlichen Gericht das rettende und befreiende, ewiges Leben bedeutende Urteil erfahren hat: Die Seele des Menschen ist gerettet! Die grundsätzliche Lebensentscheidung des Menschen für Gott bedeutet die ewige Seligkeit! Bevor aber dieses rettende Urteil umgesetzt werden kann, bevor der Mensch also der ewigen Seligkeit und Herrlichkeit des Himmels teilhaftig wird, kann es sein, daß er gleichsam eine Zwischenstation der Läuterung und Reinigung durchlaufen muß. Wo liegt der Sinn einer solchen Reinigung und Läuterung?

Die Heiligkeit Gottes

Wir können den Sinn des Fegefeuers vom Wesen Gottes, von seiner Heiligkeit her beleuchten. In den Himmel zu kommen bedeutet, in Gemeinschaft mit dem heiligen Gott zu leben. Da hat nichts Unheiliges mehr Platz. Das wußte bereits der Beter des Alten Bundes: „Herr, wer darf Gast sein in deinem Zelt, wer darf weilen auf deinem heiligen Berg? Der makellos lebt und das Rechte tut ..." (Ps 15,1) Weil Gott der Heilige ist, sind auch wir zur Heiligkeit berufen: „Denn das ist es, was Gott will: Eure Heiligung." (1 Thess 4,3) Wenn wir nun versuchen, unser eigenes Leben unter diesem Anspruch der Heiligkeit zu sehen, werden wir in der Regel zugeben müssen, daß viele unserer Gedanken, Worte und Taten unserer Berufung zur Heiligkeit noch nicht entsprechen. Wir machen die Erfahrung, daß Gut und Böse in unserem Leben oft dicht nebeneinander liegen, daß die Grenze oft nur schwer zu erkennen ist und verschwimmt, daß heroische Taten genauso vorhanden sind wie mittelmäßige Lauheit und wirkliche Bosheit. Wir sind in der Regel genauso wenig ganz gut und heilig wie wir ganz böse und verdorben sind. Gott aber ist der Gute und Heilige, der von seinem Wesen her alles Böse von sich abstößt. Das Gute soll unser Leben ganz erfassen. Wir sollen das Gute nicht nur wollen, sondern auch tun. Im Fegefeuer werden wir in der ganzen Tiefe unseres Wesens gesehen; die Verletzungen durch die Schuld, die Narben des Bösen, die wir mit uns herumschleppen – sie kommen ans Licht Gottes. Wir werden in der Tiefe unseres Wesens geläutert und gereinigt, das heißt geheilt und durch die Gnade neu geschaffen.[31] Das Fegefeuer ist also nicht so etwas wie ein jenseitiges Straflager, sondern bedeutet die Begegnung mit Jesus Christus, dem richtenden Feuer, der die Menschen umwandelt, der unser verschlossenes, mit dem Eis des Egoismus überzogenes Herz umschmilzt, so daß wir

[31] Vgl. GUARDINI, 41ff.

christus-fähig, gott-fähig werden und sozusagen in die Gemeinschaft der Heiligen hineinpassen.[32]

Die verdeckte Grundentscheidung

Man kann sich dem Sinn des Fegefeuers auch von einer anderen Richtung aus nähern, wenn man die Entscheidung des Menschen betrachtet, auf die es im Gericht ja ankommt. Auch dann, wenn wir die Grundentscheidung für Gott treffen und wenn diese Lebensentscheidung mit dem Tod endgültig und unverrückbar abgeschlossen ist, kann es sein, daß es viele kleinere, einzelne, sekundäre Entscheidungen gibt, die gegen diese Grundentscheidung gefällt wurden und sie gleichsam verdecken und überwuchern. „Das zentrale Ja des Glaubens rettet – aber diese Grundentscheidung ist in den allermeisten von uns eben wirklich viel von Heu, Holz und Stroh verdeckt; nur mühsam blickt sie aus dem Gitterwerk des Egoismus hervor, das der Mensch nicht abzustreifen vermochte. Er empfängt Erbarmen, aber er muß verwandelt werden."[33]

Meine Geschichte ist nicht egal

Im Grunde genommen ist das Fegefeuer die logische Folge davon, daß Gott – weil er uns liebt – uns auch

[32] Vgl. AUER, RATZINGER, 188.
[33] Ebd.

ganz ernst nimmt. Gerade weil wir ihm nicht gleichgültig sind, gibt es das Gericht. Und weil wir ihm nicht gleichgültig sind, werden auch unser Leben und unsere eigene Geschichte im Augenblick des Gerichts nicht gleichgültig. Wenn ich im Augenblick meines Todes in das Gericht trete, dann gehört zu mir, zu meiner Person, meine ganze Lebensgeschichte – mit allem Guten, aber auch mit aller Schuld, mit allen "Leichen im Keller", mit der Enttäuschung, Verbitterung, Lieblosigkeit, mit all dem Scheitern und Zerbrechen – kurz: mit all den dunklen Schatten, die uns oft ein Leben lang verfolgen. Und dazu gehören auch die Verletzungen, die wir anderen zugefügt haben. Unsere Sünde ist ja nicht nur eine Beleidigung Gottes und schadet uns selbst; sie schadet auch unserem Nächsten, unserem Mitmenschen. Selbst wenn wir diese Schadensfolge nicht wahrnehmen, so ist doch durch jede Sünde die ganze Gemeinschaft der Kirche betroffen, weil wir wie Glieder eines Leibes zusammenhängen: „Wenn darum ein Glied leidet, leiden alle Glieder mit; wenn ein Glied geehrt wird, freuen sich alle anderen mit ihm." (1 Kor 12,26) Zu meiner Geschichte gehört also auch das Böse, das Leid, das ich anderen zugefügt habe. Wie oft machen wir die Erfahrung, daß wir dies nicht einfach wieder ungeschehen machen können! Nehmen wir an, ich habe durch einen Diebstahl das Vertrauen eines lieben Menschen enttäuscht. Nehmen wir ferner an, auf meine aufrichtige Entschuldigung hin wird mir verziehen. Selbst dann ist nicht alles so wie vorher. Die Erfahrung des Treuebruchs schmerzt, ich muß mich bemühen und erst wieder unter Beweis stellen, daß ich Vertrauen verdiene. Man kann noch Millionen ähnlicher Beispiele für die jedem Menschen einsichtige Tatsache finden, daß unser Handeln im Guten wie im Bösen Folgen hat. Und auch wenn wir gestorben sind, wirken diese Folgen weiter. Wenn ich im Gericht vor meinen Schöpfer trete und solche bösen Folgen meines Handelns, meiner Schuld noch auf Erden weiterwirken, weiterglimmen, Schmerz verursachen, dann kann ich nicht einfach sagen: Das ist doch egal. Dann ist eine Aufarbeitung dieser Folgen notwendig – auch wenn sie schmerzt.

Welche Liebe kann ich besser annehmen?

Manche finden den Gedanken der Aufarbeitung der Folgen unserer Schuld bedrückend. Warum macht Gott es uns so schwer? Kann er es uns nicht etwas leichter machen? Natürlich könnte er das, für Gott wäre das möglich. Aber wäre es für uns dann wirklich leichter? Wenn wir auf das Beispiel des Diebstahls zurückkommen: Nehmen wir an, ich habe einem Freund 5000 Euro gestohlen. Mein Freund verzeiht mir. Jetzt hat er zwei Möglichkeiten. Er kann sagen: „Gut, ich verzeihe dir, aber gib mir das Geld zurück." Oder er könnte sagen: „Ich verzeihe dir, und du darfst das Geld behalten." Welche Liebe wäre größer? Wir sagen: natürlich diejenige, die mit der Verzeihung auch noch das Geld verschenkt. Aber umgekehrt gefragt: Welche Liebe kann ich als ertappter und beschämter Dieb denn besser annehmen? Doch die Liebe, die die

Rückzahlung fordert und mir so die Gelegenheit gibt, bei der Wiedergutmachung des von mir verursachten Schadens zu helfen. Wenn ich davon überzeugt bin, Mist gebaut zu haben, dann fühle ich mich besser und weniger beschämt, wenn ich die Entschuldigung auch aktiv zeigen kann und sie mir nicht nur passiv schenken lasse.

Wenn Gott uns die Möglichkeit gibt, dabei mitzuhelfen, die Folgen unserer Schuld zu tragen und aufzuarbeiten, dann deshalb, weil wir Menschen so seine unglaubliche Liebe und Güte besser annehmen können. Natürlich hätte uns Gott auch durch einen reinen Gedanken erlösen können, durch ein “Schnipsen mit dem Finger“. Aber er hat sich entschieden, Mensch zu werden und am Kreuz zu sterben. Er hat sich sozusagen für den „menschlichen“ Weg entschieden. Gott deckt nicht nur die Sünden zu – das ist die protestantische Vorstellung. Katholischer Glaube heißt: Gott erlöst uns durch die wirkliche Vergebung der Schuld auf eine Weise, die wir menschlich annehmen können – obwohl wir sie uns niemals verdienen können und sie immer Geschenk bleibt.

Gebet für Verstorbene

Von Anfang an besaß die Kirche zwei Überzeugungen: Einmal, daß die Verstorbenen im Gericht und im Fegefeuer nicht mehr aktiv werden können – ihre Zeit des „Wollens und Handelns“ ist vorbei. Deshalb nennen wir die Verstorbenen im Fegefeuer auch die „Armen Seelen“. Sie sind arm, weil sie für sich selbst nichts mehr tun können. Die zweite Überzeugung der Kirche ist: Wir Lebenden können den Verstorbenen im Fegefeuer helfen, wenn wir für sie beten. Ein Beispiel dafür finden wir im Alten Testament, im 2. Buch der Makkabäer. Dort wird berichtet (12,40–45), wie man bei Soldaten aus dem Heer Judas, die in einer Schlacht für ihren Glauben gefallen waren, die Amulette heidnischer Götter unter den Kleidern entdeckte. Halbherzig und inkonsequent, wie Menschen oft sind, hatten diese Soldaten, obwohl sie doch für ihren Gott kämpften, eine abergläubische Rückversicherung bei heidnischen Götzen gesucht – ein Verstoß gegen das erste der 10 Gebote. Daraufhin ließ Judas eine Sammlung veranstalten. Mit dem gesammelten Geld sollte in Jerusalem zum Zeichen der Wiedergutmachung ein Sühnopfer dargebracht werden. Auf diese Weise sollte für die Gefallenen gebetet werden, damit sie von der Sünde befreit würden.

Ich habe die Möglichkeit, den Verstorbenen durch mein Gebet zu helfen, weil mein Leben – im Guten wie im Bösen – immer auf andere Menschen bezogen ist. Mein eigenes Sein ist in den anderen als Schuld oder als Gnade gegenwärtig. Ob mich andere segnen oder verfluchen, ob sie mir vergeben und meine Schuld in Liebe umwandeln, ist Teil meines Lebens und Geschicks.[34] So können wir zum Segen für andere werden, auch für die Seelen der Verstorbenen im Fegefeuer: „Einer trage des anderen Last, so werdet ihr das Gesetz Christi erfüllen.“ (Gal 6,2)

---

[34] Vgl. AUER, RATZINGER, 189.

Appell an unsere Liebe

Für die stellvertretende Liebe gibt es die Grenze des Todes nicht mehr. Deshalb steht uns die Möglichkeit des Helfens und Schenkens offen. In der „Gewissenserforschung eines mittleren Christen" wird uns in der Form eines Sündenbekenntnisses die Frage vorgelegt, wie wir diese Möglichkeit genutzt haben: „Ich habe das Dogma vom Fegfeuer vergessen und nicht begriffen, in welchem Maß es den Glanz der göttlichen Gerechtigkeit offenbart – nicht begriffen, daß eine allzu irdische Seele, nachdem sie einen Blick in den Himmel getan hat, selbst das wundervolle Bedürfnis haben kann, sich durch Reinigung darauf vorzubereiten; daß die Toten sehr große Seelen sind, die sich nicht schön genug finden für die Schönheit Gottes und die, wie die Heiligen hienieden, ja mehr noch als die Heiligen, von der erhabenen Leidenschaft besessen sind, das Unvollkommene in sich zu zerstören und den alten Menschen zu verbrennen … Ich habe nicht begriffen, daß das Fegfeuer ein ungeheurer Appell an unsre Liebe zu den Toten ist, daß es uns in ihrer wohltuenden Gesellschaft leben läßt, unaufhörlich von uns eine geistigere und innigere Liebe fordert, als selbst die Lebenden, Liebesbeweise von ganz anderer Wirksamkeit als unsere menschlichen Gesten …"[35]

[35] Vgl. Jacques DEBOUT, Gewissenserforschung eines mittleren Christen (Einsiedeln [4]1955), 16f.

Ich singe ein Lied der Liebe …

Es ist eine alte, spekulative theologische Streitfrage, wie groß die Schmerzen des Fegefeuers sein werden. Manche Theologen vertraten die Meinung, sie würden alle denkbaren Schmerzen dieser Welt übertreffen, andere meinten, daß die Freude über die Rettung der Seele und das ewige Heil größer sei als der Schmerz. Wir brauchen dieser Spekulation nicht weiter nachzugehen. Jedenfalls kann uns die Schrift der heiligen Katharina von Genua (+ 1510) über das Fegefeuer Mut machen, denn dort wird der Schmerz gar nicht erwähnt. Für sie ist das Fegefeuer die Liebe Gottes, die uns entflammt und durchglüht: „Ich glaube nicht, daß es nach dem Glück der Heiligen im Paradies eine Freude geben kann, die zu vergleichen wäre mit der Freude der Seelen im Fegefeuer.“[36] Am besten, wir schließen uns der heiligen Therese vom Kinde Jesu an, die sagte: „Ich werde es genauso machen wie die drei Jünglinge im Feuerofen: Ich gehe mitten in den Flammen umher und singe ein Lied der Liebe.“[37]

---

[36] Vgl. BOTS, Glaube und Erfahrung, 97.
[37] Ebd.

6.

Die Hölle

Ewige Verdammnis

Bereits im Judentum der letzten beiden Jahrhunderte vor Christus hat sich der Gedanke einer ewigen Verdammung immer weiter ausgebildet. Er hat seinen festen Platz in der Heiligen Schrift. Immer wieder warnt uns Jesus vor der Hölle und ihren Strafen: „Denn es ist besser für dich, daß eines deiner Glieder verloren geht, als daß dein ganzer Leib in die Hölle kommt." (Mt 5,29) – „Der Menschensohn wird seine Engel aussenden, und sie werden aus seinem Reich alle zusammenholen, die andere verführt und das Gesetz Gottes übertreten haben, und werden sie in den Ofen werfen, in dem das Feuer brennt. Dort werden sie heulen und mit den Zähnen knirschen." (Mt 13,41f.)[38] Immer hat die Kirche an dieser Lehre Jesu festgehalten – auch gegen die Widerstände, die sich immer wieder regten. Der Gedanke an ein endgültiges und totales Mißlingen des menschlichen Lebens, an die ewige Verdammnis, war für die Christen früherer Zeiten genauso unerträglich wie für uns heute. Das Erschrecken und die

---

[38] Von der Existenz der Hölle wird nicht nur an einigen wenigen Stellen gesprochen, vgl.: Mt 25,41; 13,42.50; 22,13; 18,8; 5,22; 18,9; 8,12; 24,51; 25,30; Lk 13,28; 2 Thess 1,9; 2,10; 1 Thess 5,3; Röm 9,22; Phil 3,19; 1 Kor 1,18; 2 Kor 2,15; 4,3; 1 Tim 6,9; Offb 14,10; 19,20; 20,10–15; 21,8.

Fassungslosigkeit über diese reale Möglichkeit der Verdammung hat immer wieder Versuche hervorgebracht, die klare Lehre des Evangeliums zu mildern, z.B. in dem Sinne, daß die Hölle letzten Endes doch nicht ewig ist und eine allgemeine Versöhnung am Ende steht, oder in dem Sinne, daß der Mensch in seinem Tod doch noch einmal die Möglichkeit erhält, im Angesicht Gottes eine allerletzte „Endentscheidung" zu treffen. Die Botschaft Jesu aber bleibt unverrückbar, und alle Umdeutungsversuche müssen letztlich scheitern – nicht, weil Gott so grausam wäre, sondern weil der Mensch in seiner Freiheit so groß ist und deshalb auch so großen Schaden anrichten kann. Die Alternative würde bedeuten, diese Freiheit des Menschen zu beschneiden – dann wären wir nichts als Marionetten in der Hand Gottes. Gott aber wollte keine Marionetten, sondern Geschöpfe, die zur Liebe berufen sind.

Liebe und Freiheit

Es erscheint auf den ersten Blick paradox, aber die Tatsache, daß es eine Hölle gibt, ist eine Folge der Liebe Gottes! Die besondere Würde des Menschen liegt doch darin begründet, daß er als „Ebenbild Gottes" (Gen 1,27) geschaffen wurde. Ebenbild Gottes – das bedeutet auch, daß Gott den Menschen aus Liebe geschaffen hat. Gott liebt den Menschen und will vom Menschen wiedergeliebt werden. Die Größe des Menschen, ja seine Berufung, besteht darin, daß er – anders als das Tier – fähig ist zur wirklichen Liebe. Und der Mensch kann nur deshalb überhaupt lieben, weil er zuerst von Gott geliebt worden ist. Liebe aber setzt Freiheit voraus. Ich kann einem anderen Menschen die Pistole auf die Brust setzen und ihm Angst machen und ihn so zu ziemlich vielen Dingen zwingen – niemals aber dazu, mich zu lieben. Liebe kann nur in Freiheit geschenkt werden. Und es macht das Geheimnis und die Größe Gottes aus, daß er dem Menschen diese Freiheit schenkt: die Freiheit zu lieben. Ich bin frei, Gott zu lieben. Und dies schließt auch die Möglichkeit ein, daß ich diese Freiheit mißbrauche, indem ich mich gegen Gott und damit gegen die Liebe, die Gott selbst ist (1 Joh 4,16), entscheide.

Die Hölle ist ewig

Wenn ich bis zum allerletzten Moment meines Lebens nicht bereit bin, diese Entscheidung auch nur im allerkleinsten zu revidieren, wenn ich nicht das geringste Zeichen, den leisesten darauf hindeutenden Ton, den flüchtigsten Gedanken daran von mir gebe, bedeutet die Konsequenz meiner Entscheidung gegen Gott die Hölle. Natürlich will der liebende Gott nichts mehr als das Heil aller Menschen. Doch er zwingt uns nicht dazu. Er möchte, daß wir uns frei für ihn entscheiden. Es ist gut, sich diesen Zusammenhang von Liebe und Freiheit sehr deutlich zu machen, denn er zeigt uns die Größe des Menschen und seiner Berufung, er zeigt, wie ernst – buchstäblich todernst – Gott uns und unseren Umgang mit der Freiheit, die wir zum Lieben haben, nimmt. Unser Leben ist ein

Ernstfall! Es gibt das, was wir nicht widerrufen können – auch die unwiderrufliche Zerstörung. Hier auf Erden ist nichts endgültig, auch der Haß nicht. Die Hölle aber ist endgültig. Nur die Hölle ist total, ewig und aussichtslos. Dem ewigen Leben steht der ewige Tod gegenüber: „Und sie werden weggehen und die ewige Strafe erhalten, die Gerechten aber das ewige Leben.“ (Mt 25,46)

Die Strafen der Hölle

Der ewige Tod, die Hölle, ist die Strafe, die der Mensch sich letzten Endes selbst zuteilt. Dabei unterscheidet man zwei Aspekte[39] dieser Höllenstrafe: die Trennung von Gott (die „poena damni“, Strafe des Verlustes) und das ewige Feuer (die „poena sensus“, Strafe der Sinne). Wenn der Himmel darin besteht, bei Jesus zu sein, im ewigen Leben, in der Gemeinschaft des Dreifaltigen Gottes, so bedeutet die Hölle das Gegenteil, nämlich die ewige Trennung von Gott. In der Hölle hat der Mensch das Ziel seines Lebens endgültig verfehlt. Er ist von Gott geschaffen worden, er kommt von Gott und er ist – man könnte sagen: auf Gott hin ausgelegt. Ohne Gott kann er nicht leben und nicht lieben. „Nichts mehr ersehnen als geliebt zu werden und doch nicht mehr geliebt werden können, das macht die Hölle aus; es ist nicht die Abwesenheit der Liebe, die quält, sondern ihre Unzugänglichkeit. Die Hölle ist ein Ab-

[39] Vgl. Ott, 572.

grund an Einsamkeit in einem maßlosen Verlangen nach Begegnung, völlige Isolierung unter den Augen Gottes … Die Hölle ist der Ort, an dem man nicht lieben kann, während man darauf brennt zu lieben und geliebt zu werden."[40] Mehr als siebzig Mal spricht die Heilige Schrift vom zweiten Aspekt der Höllenstrafe: dem ewigen Feuer, dem die Verdammten übergeben werden.[41] Sie spricht von dem Ort, an dem Heulen und Zähneknirschen (Mt 13,42) sein wird – ein Bild des Schmerzes und der Verzweiflung. Was genau unter dieser Strafe des Feuers zu verstehen ist, können wir nicht wissen. Vielleicht ist es ein Bild, vielleicht ist eine äußere Ursache gemeint, die uns verbrennt und schmerzt, wie das Feuer es tut. Man kann diese Strafe der Hölle auch darauf beziehen, daß der Verdammte alles das, was er von Gott erwarten sollte, ausschließlich von Geschöpfen und Dingen erwartet hat. Je mehr er die Erfüllung ausschließlich von ihnen erwartete, umso mehr wird er enttäuscht und gepeinigt.[42]

Die Verhärtung des Herzens

Ein schrecklicher Abgrund der Hölle tut sich uns in dem Gedanken auf, daß die Verdammten gar nicht aus der Hölle herauswollen, weil ihr Herz und ihr Wille so im Bösen verhärtet sind, daß sie nicht mehr

[40] Vgl. BOTS, Glaube und Erfahrung, 186.
[41] Vgl. z.B. Mt 5,22; Mt 13,42; Mt 18,8.9.
[42] Vgl. ZIEGENAUS, 214.

zu wahrer Reue fähig sind. Sie wollen das Gute – Gott und seine Barmherzigkeit – gar nicht, sie wollen gar nicht in den Himmel kommen.[43] Diese furchtbare Haltung ist die Konsequenz aus dem Wesen der Todsünde, aus der willentlichen und wissentlichen totalen Abkehr von Gott. Nicht umsonst wird der Stolz, der Hochmut, als erste der Hauptsünden genannt, die weitere Sünden nach sich ziehen (KKK 1866). Auch hier ragt die Ewigkeit bereits jetzt in unser Leben hinein: die Verhärtung des Herzens, der Stolz, der es so schwer macht, Vergebung zu schenken und zu empfangen – das kennen wir doch auch aus unserem eigenen Leben. Deshalb ist es wichtig, die richtige Grundhaltung bereits jetzt immer wieder einzuüben: Reue, Bereitschaft zur Umkehr, das Öffnen des Herzens für Gott und seine Liebe und Barmherzigkeit.

Gott haßt nicht

Gott ist die Liebe, er haßt nicht – auch nicht den Teufel und die Verdammten in der Hölle. Der Grund für die Hölle liegt nicht im grausamen Gott, sondern im Menschen selbst. Und gerade deshalb gibt es für uns die reale Gefahr, unser ewiges Heil zu verspielen. Deshalb warnt uns Jesus so eindringlich und ruft uns zur Wachsamkeit auf. Wir dürfen dies nicht als Widerspruch zur „Frohen Botschaft" werten. Im Gegenteil: Die reale Möglichkeit unserer Verdammung zeigt uns deutlich, wovon wir durch

---

[43] Ebd. und OTT, 574.

Jesus Christus erlöst sind. Ohne das Heilshandeln Gottes, ohne Jesus Christus, seinen Tod und seine Auferstehung wäre die Hölle unser aller Schicksal geworden.[44] Nehmen wir deshalb die Mahnung Jesu ernst, lassen wir uns von einer heilsamen Gottesfurcht aus unserer Lässigkeit und Bequemlichkeit reißen: „Euch aber, meinen Freunden, sage ich: Fürchtet euch nicht vor denen, die den Leib töten, euch aber sonst nichts tun können. Ich will euch zeigen, wen ihr fürchten sollt: Fürchtet euch vor dem, der nicht nur töten kann, sondern die Macht hat, euch auch noch in die Hölle zu werfen." (Lk 12,4f.)

[44] Vgl. BOTS, Glaube und Erfahrung, 187.

7.

Der "D-Day" der neuen Schöpfung – die Wiederkunft Christi am Jüngsten Tag

Im Credo bekennen wir immer wieder, daß wir daran glauben, daß Jesus Christus am „Jüngsten Tag" ein zweites Mal auf der Erde erscheinen wird: „... von dort wird er kommen, zu richten die Lebenden und die Toten"[45] – „... Er sitzt zur Rechten des Vaters und wird wiederkommen in Herrlichkeit, zu richten die Lebenden und die Toten ..."[46] Von Anfang an war die Wiederkunft Christi ein fester Bestandteil unseres Glaubens. Als die Apostel bei der Himmelfahrt Jesus nachblickten, als er von der Wolke aufgenommen wurde und zu seinem Vater zurückkehrte, „standen plötzlich zwei Männer in weißen Gewändern bei ihnen und sagten: Ihr Männer von Galiläa, was steht ihr da und schaut zum Himmel empor? Dieser Jesus, der von euch ging und in den Himmel aufgenommen wurde, wird ebenso wiederkommen, wie ihr ihn habt zum Himmel hingehen sehen." (Apg 1,10f.)

---

[45] Vgl. Apostolisches Glaubensbekenntnis, Gotteslob Nr. 2,5.
[46] Vgl. Großes Glaubensbekenntnis, Gotteslob Nr. 356.

Der Zeitpunkt

In einem glücklichen Ausdruck hat Jan Bots den Tag der Wiederkunft Christi als „D-Day der neuen Schöpfung“[47] bezeichnet. Viele der ersten Christen waren überzeugt, daß dieses Kommen des Herrn (Parusie) nicht lange würde auf sich warten lassen. Sie sehnten diesen Tag förmlich herbei. Paulus schreibt, daß er auf die „selige(n) Erfüllung unserer Hoffnung“ wartet, „auf das Erscheinen der Herrlichkeit unseres großen Gottes und Retters Christus Jesus“ (Tit 2,13). Andere Schriftstellen aus derselben Zeit weisen eine zeitliche Festlegung der Wiederkunft Christi zurück.[48] Klar war jedenfalls immer, daß wir über den genauen Zeitpunkt nur Spekulationen anstellen können: „Doch jenen Tag und jene Stunde kennt niemand, auch nicht die Engel im Himmel, nicht einmal der Sohn, sondern nur der Vater.“ (Mk 13,32) Deshalb werden wir besonders zur Wachsamkeit ermahnt: „Nehmt euch in Acht, daß Rausch und Trunkenheit und die Sorgen des Alltags euch nicht verwirren und daß jener Tag euch nicht plötzlich überrascht, so wie man in eine Falle gerät; denn er wird über alle Bewohner der ganzen Erde hereinbrechen. Wacht und betet allezeit, damit ihr allem, was geschehen wird, entrinnen und vor den Menschensohn hintreten könnt.“ (Lk 21,34ff.)

---

[47] Vgl. BOTS, Glaube und Erfahrung, 92. D-Day (Decision-Day, Tag der Entscheidung) ist eine Kurzbezeichnung für den Stichtag eines größeren militärischen Unternehmens, insbesondere gebraucht für den 6. Juni 1944, den Tag, an dem die Invasion in der Normandie begann.

[48] Vgl. ZIEGENAUS, 221.

Kommen in Herrlichkeit

Die erste Ankunft des Herrn geschah still, verborgen, unbemerkt von der Weltöffentlichkeit. Bei seiner Geburt in Betlehem kamen nur einige Hirten, die vom Engel geschickt wurden, und später die drei Weisen, die dem Zeichen des Sterns gefolgt waren. Von allen übrigen gilt: „Er kam in sein Eigentum, aber die Seinen nahmen ihn nicht auf." (Joh 1,11) Die zweite Ankunft des Herrn wird anders aussehen: Jesus erscheint als König der Welt und des ganzen Kosmos, zusammen mit allen Engeln und Heiligen; seine Ankunft gestaltet sich „in Herrlichkeit" und wird von niemandem unbemerkt bleiben. Das griechische Wort „Parusie" für dieses Kommen des Herrn drückt genau dies aus. Es bezeichnet ursprünglich den machtvollen, triumphalen Einzug eines Herrschers bei einem Staatsbesuch oder die eindrucksvolle Erscheinung der Gottheit. Wenn wir versuchen, uns die triumphale Wiederkunft Christi vorzustellen, benötigen wir sehr menschliche Bilder, die diesem letztlich geheimnisvollen Geschehen nur unzureichend gerecht werden können. Es ist ja z.B. nicht so, daß Jesus vor dem Zeitpunkt der Parusie nicht in dieser Welt gegenwärtig wäre – er hat seinen Jüngern versprochen: „Seid gewiß, ich bin bei euch alle Tage bis zum Ende der Welt." (Mt 28,20) Jesus ist in seiner Kirche gegenwärtig, wir begegnen ihm in der Feier der Sakramente. Vielleicht kann man sagen, daß die Parusie ein Offenbarwerden der Gegenwart des Herrn in seiner Herrlichkeit bedeutet.[49]

Advent: Ankunft des Herrn

Das Kirchenjahr beginnt vor dem Weihnachtsfest mit der Zeit des Advents. Die Adventszeit dient nicht nur der Vorbereitung von Weihnachten, sondern ist auch die Zeit, in der wir uns die zweite Ankunft Christi vor Augen halten und eingeladen werden, die richtige Erwartungshaltung einzuüben, die uns Jesus ans Herz legt: „Wacht und betet allezeit." (Lk 21,36) Auch hier finden wir die Verschränkung der „Letzten Dinge" mit unserem Leben hier und jetzt: Wenn ich im Advent in den sehnsüchtigen Ruf der Kirche einstimme: „Komm, Herr Jesus!", so wird mich der wirkliche Tag seiner zweiten Ankunft vorbereitet finden. In jeder Meßfeier beten wir direkt nach dem Vaterunser: „Komm uns zu Hilfe mit deinem Erbarmen und bewahre uns vor Verwirrung und Sünde, damit wir voll Zuversicht das Kommen unseres Erlösers Jesus Christus erwarten!" Man kann die ganze Erdenzeit bis zur Wiederkunft des Herrn als einen einzigen langen Advent betrachten: „Denn die ganze Schöpfung wartet sehnsüchtig auf das Offenbarwerden der Söhne Gottes." (Röm 8,19) Die freudige, sehnsüchtige Erwartung der Wiederkunft des Herrn sollte sich wie ein roter Faden durch unseren Glauben und unser Leben ziehen.

---

[49] Ebd., 236.

Vorzeichen

Im Evangelium werden verschiedene Vorzeichen beschrieben, die das Kommen des Herrn ankündigen: In der Welt werden chaotische Zustände herrschen, Naturkatastrophen ereignen sich, Kriege und Hungersnöte brechen aus.[50] Als weitere Vorzeichen sind bekannt:[51] Das Evangelium wird den Völkern der ganzen Welt verkündet werden, das auserwählte Volk der Juden wird sich zu Jesus als dem Messias bekehren, und es wird mit dem Auftreten des Antichristen der „große Abfall" kommen (2 Thess 2,1–12) mit Angriffen gegen den Glauben, die Freiheit und das Leben der Gläubigen. Die Versuchung war und ist groß, solche Zeichen in unserer Geschichte wiedererkennen zu wollen – besonders die apokalyptischen Vorzeichen der Hungersnöte, Kriege und Naturkatastrophen bieten sich dafür ja an: Sind nicht mit dem Ozonloch und der Klimakatastrophe bereits Vorzeichen der Parusie gegeben? Wir wollen solche Spekulationen lieber den Wahrsagern und selbst ernannten Propheten überlassen. Im Grunde wollen diese Vorzeichen uns darauf hinweisen, daß die Begegnung mit dem wiederkehrenden Herrn da zur Konfrontation werden kann, wo der Herr auf Widerstand stößt.[52] Für den Ungläubigen wird der Tag der Wiederkunft Christi zu einem Tag des Schreckens werden, für den Glaubenden aber gilt: „Wenn all das be-

---

[50] Vgl. Lk 21,25–28; Mt 24,29–31; Mk 13,24–27.
[51] Vgl. AUER, RATZINGER, 160ff.
[52] Vgl. BOTS, Glaube und Erfahrung, 93.

ginnt, dann richtet euch auf und erhebt eure Häupter, denn eure Erlösung ist nahe." (Lk 21,28)

Nur ein Auftakt

Die Wiederkunft Christi am Jüngsten Tag bildet aber nur einen Auftakt für zwei weitere Ereignisse am Ende unserer Welt und Zeit: die Auferstehung der Toten und das Weltgericht. Von Anfang an gehören sie zum festen Kern des christlichen Glaubens. Und schließlich münden diese letzten Dinge in das absolute Finale: die neue Schöpfung.

8.

Die Auferstehung der Toten

Wie der Glaube an die Wiederkunft des Herrn gehört auch der Glaube an die Auferstehung der Toten (die wörtliche Formulierung des Apostolischen Glaubensbekenntnisses lautet: „Auferstehung des Fleisches“) zum Fundament, sozusagen zum Urgestein der christlichen Überzeugung: „Die Auferstehung der Toten ist die Zuversicht der Christen; im Glauben an sie existieren wir.“ (Tertullian) Bereits im Kapitel über das persönliche Gericht haben wir den Menschen als ein Wesen aus sterblichem Leib und unsterblicher Seele beschrieben. Im Tod werden Leib und Seele getrennt. Der Leib fällt ins Grab, er löst sich auf und vergeht; die unsterbliche Seele aber begegnet Gott im persönlichen Gericht. Wir haben das weitere Geschick der Seele verfolgt und nun müssen wir uns wieder dem Leib des Menschen zuwenden. Wenn wir im Credo beten: „Ich glaube … an die Auferstehung der Toten und das ewige Leben“, dann bekennen wir uns dazu, daß auch unser Leib bei Gott eine Zukunft hat. Wir brauchen auf unseren Leib nicht zu verzichten, um im ewigen Leben bei Gott sein zu können.

Widerstände

Von Anfang an gab es erhebliche Widerstände gegen den Glauben an die Auferstehung. Als der heilige Paulus in Athen diese Botschaft verkündet, beißt er auf Granit: „Als sie von der Auferstehung der Toten hörten, spotteten die einen, andere aber sagten: Darüber wollen wir dich ein andermal hören." (Apg 17,32) Der heilige Augustinus sagte: „Der christliche Glaube stößt in keinem Punkt auf mehr Widerspruch als in Bezug auf die Auferstehung des Fleisches." (KKK 996) Auch heute bereitet die Vorstellung, daß der Mensch in der Ewigkeit auf geistige Weise weiterexistiert vielen Menschen keine großen Schwierigkeiten. Aber an eine Auferstehung des Leibes zu glauben, ist wirklich eine "harte Nuß". Warum hält die Kirche so hartnäckig an dieser für uns so schwierigen Vorstellung fest?

Das Vorbild: die Auferstehung Jesu Christi

Der wichtigste Grund hierfür ist die Auferstehung Jesu Christi. Sie ist der Eckstein unseres ganzen Glaubens: „Wie können einige von euch sagen: eine Auferstehung der Toten gibt es nicht? Wenn es keine Auferstehung der Toten gibt, ist auch Christus nicht auferweckt worden. Ist aber Christus nicht auferweckt worden, dann ist unsere Verkündigung leer und euer Glaube sinnlos." (1 Kor 15,12ff.) Jesu Auferstehung hängt mit unserer Auferstehung eng zusammen. Sie ist sozusagen das Vorbild für unsere

Auferstehung, sie ist der Beginn der Auferstehung der Menschen, denn Jesus ist der „Erste der Entschlafenen" (1 Kor 15,20). Unsere Auferstehung ist ganz und gar durch die Begegnung mit Jesus Christus geprägt, der gesagt hat: „Ich bin die Auferstehung und das Leben." (Joh 11,25) „Wir werden gleich ihm, mit ihm und durch ihn auferstehen." (KKK 995)

Ein neuer Leib

Die unsterbliche Seele, die Gott entgegengeht, wartet darauf, wieder mit dem Leib vereint zu werden (KKK 997). Wir denken oft nicht darüber nach, wie sehr unsere Seele und unser Geist mit dem Leib verbunden, ja auf ihn angewiesen sind – Sehen, Hören, Sprechen, Schmecken und Tasten – mit allen Sinnen treten wir in Kontakt zur Umwelt, zu anderen Menschen, wir drücken uns aus, sind kreativ, beten. Unser Leib ist kein Gefängnis, kein Kerker, sondern ein wirkliches Gut.[53] Deshalb wird unsere Seele sehr darauf bedacht sein, in der Auferstehung wieder mit ihrem Leib vereint zu werden. Dieser Leib wird derselbe und zugleich ein neuer, verwandelter Leib sein (KKK 999). Wie dieser „verklärte" Leib aussieht, können wir uns nicht vorstellen. Aber wenn wir auf den Auferstehungsleib Jesu schauen, können wir einige Eigenschaften dieses Leibes erahnen. Nachdem Jesus Christus mit seinem Leib von den Toten

[53] Vgl. VON HILDEBRAND, 29.

auferstanden war, zeigte er sich den Jüngern. Er war sichtbar, aber nicht nur als Geist oder Gespenst, wie die Apostel zunächst vermuteten: „Sie erschraken und hatten große Angst, denn sie meinten, einen Geist zu sehen." (Lk 24,37) Die Apostel konnten sich von der konkreten Wirklichkeit des Auferstehungsleibes überzeugen: „Da sagte er zu ihnen: Was seid ihr so bestürzt? Warum laßt ihr in eurem Herzen solche Zweifel aufkommen? Seht meine Hände und meine Füße an: Ich bin es selbst. Faßt mich doch an und begreift: Kein Geist hat Fleisch und Knochen, wie ihr es bei mir seht. Bei diesen Worten zeigte er ihnen seine Hände und Füße. Sie staunten, konnten es aber vor Freude immer noch nicht glauben. Da sagte er zu ihnen: Habt ihr etwas zu essen hier? Sie gaben ihm ein Stück gebratenen Fisch; er nahm es und aß es vor ihren Augen." (Lk 24,38ff.) Der heilige Thomas wurde eingeladen, seine Finger in die Wunde des Herrn zu legen (Joh 20,24ff.).

Doch zugleich ist der Auferstehungsleib des Herrn ganz anders, völlig verwandelt und nicht länger an die Eigenschaften gebunden, die mit der Vergänglichkeit einhergehen und Folgen der Erbsünde sind. Es ist ein „geistiger" Leib in dem Sinne, daß er ganz und gar vom Heiligen Geist erfüllt ist. Der heilige Paulus erklärt den Auferstehungsleib mit dem Bild des Samenkorns, das in die Erde gesenkt wird und „stirbt", um in einer neuen Gestalt Frucht zu bringen: „Was gesät wird, ist verweslich, was auferweckt wird, unverweslich. Was gesät wird, ist armselig, was auferweckt wird, herrlich. Was gesät wird, ist schwach, was auferweckt wird, ist stark. Gesät wird ein irdischer Leib, auferweckt ein überirdischer Leib. Wenn es einen irdischen Leib gibt, gibt es auch einen überirdischen." (1 Kor 15,42ff.) Bei der Frage, wie unser Auferstehungsleib aussehen wird, stoßen wir auf ein großes „Geheimnis des Glaubens", das unsere Phantasie und Vorstellungskraft weit übersteigt. Die Heilige Schrift befriedigt unsere Neugierde nicht, sie lehrt uns aber das Wesentliche: Es wird mein Leib sein, allerdings nicht in seiner jetzigen, sondern in einer verwandelten, verklärten Gestalt.

Alle Verstorbenen erleben die Auferstehung: Die Geretteten erhalten den verherrlichten, verklärten Leib; der Auferstehungsleib der Verdammten aber sieht anders aus: Er ist gebunden an die Folgen der Sünde, er muß ohne das Lebensprinzip des Heiligen Geistes in Unförmigkeit und Häßlichkeit existieren: „Die das Gute getan haben, werden zum Leben auferstehen, die das Böse getan haben, zum Gericht." (Joh 5,29)

Die Schöpfung ist gut

Wenn wir unseren Glauben an die Auferstehung des Leibes bekennen, dann drücken wir damit auch aus, daß Gott seine Schöpfung liebt: „Gott sah, daß es gut war." (Gen 1,12) Aber auch die Schöpfung, zu der unser Leib gehört, ist den tödlichen Folgen der Erbsünde unterworfen, und da Gott seine Schöpfung liebt, soll auch sie von diesen Folgen befreit werden: „Auch die Schöpfung soll von der Sklaverei und Verlorenheit befreit werden zur Freiheit und

Herrlichkeit der Kinder Gottes.“ (Röm 8,21) Gott hält und trägt die Schöpfung, er verheißt uns einen neuen Himmel und eine neue Erde. Der Auferstehungsleib Jesu ist bereits der Anfang dieser neuen Schöpfung. Maria, die Mutter Jesu, die im Hinblick auf ihre große Aufgabe und Berufung, Mutter Gottes zu werden, vom ersten Augenblick ihrer irdischen Existenz an vor der Erbsünde und ihren Folgen bewahrt blieb (Dogma von der „Unbefleckten Empfängnis“), ist am Ende ihres Lebens mit Leib und Seele in den Himmel aufgenommen worden. So nimmt sie auf besondere, einzigartige Weise teil an der Auferstehung ihres Sohnes und ist uns auch darin Vorbild und Vorläuferin (KKK 966). Mit der Schöpfung Gottes ist auch unser Leib zum Heil bestimmt, und deshalb sollen wir unseren Leib in Ehren halten: „Der Leib ist da … für den Herrn und der Herr für den Leib. Gott hat den Herrn auferweckt; er wird durch seine Macht auch uns erwecken. Wißt ihr nicht, daß eure Leiber Glieder Christi sind? ... Ihr gehört nicht euch selbst …Verherrlicht also Gott in eurem Leib!“ (1 Kor 6,13–15.19–20)

Begraben in der Taufe

Auch die Auferstehung der Toten ragt bereits hier und jetzt in unser Leben hinein. Schon im ersten Kapitel haben wir darauf hingewiesen, daß Jesus uns im Sakrament der Taufe sein ewiges Leben schenkt, das gewissermaßen mit dem Markenzeichen "deathproof“ – resistent gegen den Tod – versehen ist. Das Geschenk seines neuen, ewigen Lebens, das uns zu Kindern Gottes macht, bedeutet auch, daß wir bereits jetzt Anteil haben an der Auferstehung des Herrn. Wir werden durch die Taufe mit seinem verherrlichten Leib verbunden. Der heilige Paulus beschreibt dies im Römerbrief so: „Wißt ihr denn nicht, daß wir alle, die wir auf Christus Jesus getauft wurden, auf seinen Tod getauft worden sind? Wir wurden mit ihm begraben durch die Taufe auf den Tod; und wie Christus durch die Herrlichkeit des Vaters von den Toten auferweckt wurde, so sollen auch wir als neue Menschen leben." (Röm 6,3f.) Wir haben Anteil an Jesu Tod und an seiner Auferstehung. Dort, wo die Taufe, wie es auch in der frühen Kirche üblich war, durch Untertauchen gespendet wird, wird dies sehr deutlich: Wir wurden mit ihm begraben: Der Täufling wird ganz in das Wasser eingetaucht. Wir leben mit ihm, wir haben teil an der Auferstehung: Der Täufling wird wie aus einem Grab aus dem Wasser emporgehoben.

Das Unterpfand der Unsterblichkeit

Auch im Sakrament der Eucharistie haben wir jetzt schon Anteil an der Auferstehung Jesu. Als Jesus dieses Sakrament ankündigt, weist er bereits auf diese Wirkung der Eucharistie hin: „Wenn ihr das Fleisch des Menschensohnes nicht eßt und sein Blut nicht trinkt, habt ihr das Leben nicht in euch. Wer mein Fleisch ißt und mein Blut trinkt, hat das ewige Leben und ich werde ihn auferwecken am Letzten

Tag." (Joh 6,53f.) Wer die Eucharistie empfängt, erhält von Christus das Versprechen: Du gehst deiner ewigen Vollendung entgegen! Der eucharistische Christus, der bei uns einkehrt, ist nicht nur der, der gelitten hat und am Kreuz gestorben ist. Er ist auch der Sieger des Ostertages, der verklärte Herr. Im heiligen Sakrament kommt Christus zu uns auch in der Kraft seiner Auferstehung, die den Tod besiegt. So dringt das ewige Leben in unseren sterblichen Leib ein und zirkuliert schon jetzt in ihm. Der eucharistische Herr ist der Gott unserer Zukunft. Indem wir durch die heilige Kommunion mit Jesus immer enger verbunden werden, stehen wir jetzt schon mit einem Fuß in der Ewigkeit, in die uns Christus vorausgegangen ist. Wenn wir einmal den letzten Schritt über die Schwelle des Todes gehen müssen, soll uns die heilige Eucharistie als Wegzehrung begleiten.
Der heilige Thomas von Aquin hat dies in einem wunderbaren liturgischen Vers (Antiphon) ausgedrückt:

„O heiliges Gastmahl,
in welchem Christus genossen,
das Andenken seines Leidens erneuert,
das Herz mit Gnaden erfüllt
und uns das Unterpfand zukünftiger
Unsterblichkeit geschenkt wird."

9.

Das Weltgericht

Ich habe dich eingezeichnet in meine Hände …

Mit der Wiederkunft Christi und der Auferstehung der Toten am Jüngsten Tag ist das Weltgericht verbunden. Im Matthäusevangelium beschreibt Jesus, was dann geschehen wird: „Wenn der Menschensohn in seiner Herrlichkeit kommt und alle Engel mit ihm, dann wird er sich auf den Thron seiner Herrlichkeit setzen. Und alle Völker werden vor ihm zusammengerufen werden, und er wird sie voneinander scheiden, wie der Hirt die Schafe von den Böcken scheidet.“ (Mt 25,31f.) Niemand von uns erscheint gerne als Angeklagter vor einem Gericht, und so mag uns auch der Gedanke an das Weltgericht unangenehm erscheinen. Die Botschaft vom Weltgericht soll für uns Christen aber keine Drohung sein („keiner wird entkommen“), sondern eine Verheißung („niemand wird vergessen“).[54] Der Prophet Jesaja versichert uns: „Kann denn eine Frau ihr Kindlein vergessen, eine Mutter ihren leiblichen Sohn? Und selbst wenn sie ihn vergessen würde: Ich vergesse dich nicht. Sieh her: Ich habe dich eingezeichnet in meine Hände – Spruch des Herrn.“ (Jes 49,15f.) Jeder einzelne Mensch ist eingezeichnet in die Hand Gottes, er vergißt uns nicht, er

[54] Vgl. BOTS, Glaube und Erfahrung, 91.

kennt uns ganz persönlich in der Masse aller Menschen, die jemals auf Erden gelebt haben, leben und leben werden.

Unser Richter ist Jesus Christus

Die Botschaft vom Weltgericht ist auch deshalb eine Botschaft voller Hoffnung und Freude, weil Jesus Christus selbst unser Richter ist. Und dieser Richter ist zugleich unser Verteidiger, Fürsprecher und Begnadiger. Im Römischen Kanon, dem ersten Hochgebet der Meßfeier, beten wir: „Wäge nicht unser Verdienst, sondern schenke gnädig Verzeihung!" Und Christus schenkt diese Verzeihung. Das Gericht wird nur zum Schrecken und führt zur Verdammnis für die Menschen, die nach einem völlig mitleidlosen Leben auch das letzte Gnadenangebot Gottes zurückgewiesen haben.[55]

In der Beschreibung des Weltgerichts im Matthäusevangelium wird das Kriterium des Gerichts benannt: „Amen, ich sage euch: Was ihr für einen meiner geringsten Brüder getan habt, das habt ihr mir getan. … Was ihr für einen dieser Geringsten nicht getan habt, das habt ihr auch mir nicht getan. Und sie werden weggehen und die ewige Strafe erhalten, die Gerechten aber das ewige Leben." (Mt 25,40.45–46) Unser Glaube und unsere Liebe müssen in unserem Leben konkret werden – unsere Gottesliebe zeigt sich in unserer Liebe zum Nächsten, in dem wir

---

[55] Ebd.

Christus finden. Die Hungrigen und Durstigen zu speisen, die Obdachlosen aufzunehmen, die Nackten zu bekleiden, die Kranken und Gefangenen zu besuchen (Mt 25,35f.) – Jesus benennt ganz konkrete Taten der Liebe. Wenn unsere Liebe in unserem Leben konkret wird, wenn sie Spuren hinterläßt in unserer Lebensgeschichte, dann brauchen wir das Gericht nicht zu fürchten. In einem Gebet von Vinzenz Pallotti heißt es: „Jesus ist mein Richter, aber er starb, um mich nicht verdammen zu müssen. Bei diesem Gedanken spüre ich, Jesus und Gott, daß ich dich nie geliebt habe. Schenke mir und allen anderen auch jetzt und immer diese Liebe zu dir! Mache aber auch das ganze Universum zur Liebe!“

Weltgericht und persönliches Gericht

Alles, was wir bereits im 3. Kapitel über das persönliche Gericht bedacht haben, behält auch im Weltgericht Gültigkeit. Die einzelnen persönlichen Gerichte gehen in das Weltgericht ein und werden dort bestätigt. Für diejenigen, die zum Zeitpunkt des Weltgerichts noch nicht gestorben sind, bedeutet das Weltgericht zugleich auch das persönliche Gericht. Im Weltgericht bleibt das der Wahrheit entsprechende Urteil des persönlichen Gerichts bestehen und wird endgültig gemacht: Denn die Schuld der Welt ist dann ausgelitten, die Ursachen und Wirkungen jeder Schuld, ihre Folgen, kommen zu einem Ende, es wird der Platz, den das Urteil des persönlichen Gerichts im Ganzen einnimmt, festgelegt.[56] Auch das Fegefeuer ist deshalb mit dem Weltgericht zu Ende. Meine guten und bösen Taten haben nicht nur Auswirkungen auf mich selbst, sondern immer auch auf andere Menschen, auf Mitbetroffene, auf die Gesellschaft, auf die ganze Kirche, in der wir wie die Glieder eines Leibes zusammengehören.

So mag das Verhalten eines machthungrigen Kirchenmannes früherer Zeiten noch heute Anstoß erregen und dazu führen, daß Menschen unserer Zeit die Kirche kritisieren oder sich sogar von ihr abwenden. Ebenso kann ein Heiliger des Mittelalters, wie z.B. Franziskus, noch heute die Menschen faszinieren, begeistern und zur Christusnachfolge führen. Wir sind eingebettet in ein großes Netz aus Beziehungen und Zusammenhängen, das wir immer nur in kleinen Teilen überschauen. Im Weltgericht wird deutlich, wie alles zusammenhängt – was der Sinn von allem war und ist. Vor allem wird sich auch die Frage der Theodizee aufhellen, also die Frage nach dem Sinn des Leidens, besonders des Leidens der unschuldigen Kinder. Und schließlich erfolgt im Weltgericht die völlige Entmachtung des Teufels und der Dämonen.[57]

[56] Vgl. AUER, RATZINGER, 170.
[57] Vgl. ZIEGENAUS, 281ff.

Auch die Heiligen richten

Das Weltgericht bedeutet die Begegnung mit dem verherrlichten Christus. Zu ihm, zu seinem Leib, gehören auch die Glieder seines Leibes. Das Gericht bedeutet meine Begegnung mit diesem Leib, es bedeutet die Begegnung meiner Schuld mit den leidenden Gliedern dieses Leibes – aber auch mit der Verzeihung und der Liebe, die Christus schenkt. In diesem Sinne kann man sagen, daß auch die Heiligen richten werden: Ihre Liebe richtet unseren Haß und unsere Gleichgültigkeit, ihr Glaube richtet unseren Unglauben, ihre Hoffnung richtet unsere Hoffnungslosigkeit und Verzweiflung, ihre Großzügigkeit und Güte richtet unseren Egoismus und unsere Mittelmäßigkeit. Wenn wir davon sprechen, daß die Heiligen uns richten, dann ist damit aber zugleich auch gemeint, daß sie uns helfen: Sie sind diejenigen, die durch ihre Fürsprache für unsere Rettung eintreten.[58] Unser Vertrauen auf die Fürsprache der Heiligen soll deshalb schon hier und jetzt lebendig sein. Heute schon dürfen wir sie anrufen und um ihre Hilfe bitten. Und vor diesem Hintergrund ist auch die Bitte zu verstehen, die der Priester während der heiligen Messe vor dem Friedensgebet spricht: „Herr Jesus Christus, schau nicht auf unsere Sünden, sondern auf den Glauben deiner Kirche." Der Glaube der Heiligen richtet unseren Unglauben und Klein-

---

[58] Vgl. die beeindruckende Schilderung des Gerichtshofs am Jüngsten Tag, in: Jean GUITTON, Mein Jüngstes Gericht – Der Philosoph und der Tod (Graz 2001), 193ff.

glauben. Wir dürfen unseren Glauben vertrauensvoll in den Glauben der ganzen Kirche legen.

10.

Ein neuer Himmel und eine neue Erde

Worin die ökologische Bewegung Recht hat

An verschiedenen Stellen berichtet die Bibel, daß wir am Ende unserer Welt einen „neuen Himmel" und eine „neue Erde" erwarten (Jes 65,17; 66,22; Mt 19,28; 24,29; Mk 13,24ff.). Was ist damit gemeint?
In den letzten Jahrzehnten ist die ökologische Bewegung immer stärker geworden – Zeichen eines veränderten Bewußtseins. Wir merken, daß wir die Erde und ihre Ressourcen nicht beliebig nutzen, ausbeuten und zerstören können, wenn wir uns nicht selbst schaden wollen. Wir spüren, daß es einen Lebenszusammenhang gibt zwischen dem Menschen und seiner Umwelt, der Erde, der Natur. Wir trennen unseren Müll und sammeln alte Batterien, weil wir im Kleinen anfangen wollen, diesen Lebenszusammenhang zu schützen.
Dieses ökologische Bewußtsein und unser christlicher Glaube haben hier einen Berührungspunkt: Die ganze „erste" Schöpfung Gottes ist gut, wir können die Spuren Gottes in ihr finden, z.B. in der Beobachtung der Natur. „Von der Größe und Schönheit der Geschöpfe läßt sich auf ihren Schöpfer schließen." (Weish 13,5) Die Schöpfung hat einen Zweck, sie ist auf Jesus Christus hingeordnet: Jesus ist der „Erbe

des Alls" (Hebr 1,2), auf ihn ist der ganze Kosmos bezogen. Die „erste" Schöpfung, unsere Welt, steht in einem inneren Zusammenhang zu dem neuen Himmel und der neuen Erde, die wir erwarten.[59]

Schicksalsgemeinschaft

Der Mensch ist mit seiner Umwelt verbunden und wirkt auf sie ein: Die Ursünde des Menschen hatte auch Folgen für die Natur. Weil es diese „Schicksalsgemeinschaft" gibt, kann Paulus sagen: „Die ganze Schöpfung wartet sehnsüchtig auf das Offenbarwerden der Söhne Gottes. Die Schöpfung ist der Vergänglichkeit unterworfen, nicht aus eigenem Willen, sondern durch den, der sie unterworfen hat; aber zugleich gab er ihr Hoffnung. Auch die Schöpfung soll von der Sklaverei und Verlorenheit befreit werden zur Freiheit und Herrlichkeit der Kinder Gottes." (Röm 8,19ff.)

Vollendung

Was wir von der Vollendung und Verklärung des Menschen glauben, dürfen wir – zumindest in ähnlicher Weise – auch für die Schöpfung hoffen. Das II. Vatikanische Konzil lehrt: „Den Zeitpunkt der Vollendung der Erde und der Menschheit kennen wir nicht, und auch die Weise wissen wir nicht, wie

---

[59] Vgl. ZIEGENAUS, 272ff.

das Universum umgestaltet werden soll. Es vergeht zwar die Gestalt dieser Welt, die durch die Sünde mißgestaltet ist, aber wir werden belehrt, daß Gott eine neue Wohnstätte und eine neue Erde bereitet, auf der die Gerechtigkeit wohnt, deren Seligkeit jede Sehnsucht nach Frieden in den Herzen der Menschen erfüllt und übertrifft.“[60]

[60] In der Pastoralkonstitution über die Kirche in der Welt von heute „Gaudium et spes“, Nr. 39.

11.

Die Sorge um eine gute Sterbestunde

Bereits in der Einleitung haben wir erwähnt, daß die Sorge um eine gute Sterbestunde immer ein wichtiger Bestandteil der christlichen Frömmigkeit gewesen ist. Sie ist Ausdruck unseres Glaubens, unserer von Jesus geforderten Wachsamkeit und unserer Hoffnung auf die Vollendung. Wir sorgen uns um eine gute Sterbestunde, weil wir wissen, daß unsere Antwort auf das Heilsangebot Gottes erforderlich ist. Wir sind gleichsam zur Kooperation aufgerufen, für uns gilt das Wort des heiligen Augustinus: „Der dich geschaffen hat ohne dich, rechtfertigt dich nicht ohne dich.“[61]

Die Sorge um eine gute Sterbestunde ist ein wichtiger Ausdruck eines lebendigen Glaubens. Wie existentiell die Sterbestunde letztlich für alle Menschen ist, zeigt sich auch durch entsprechende Negativbeispiele aus der Geschichte. So hat man in der Folge der Ideen der Französischen Revolution und der Aufklärung sogar versucht, die im katholischen Sinne gute Sterbestunde regelrecht zu verhindern. Es ist bezeichnend, dass man einerseits nicht an das Weiterleben der Seele nach dem Tod und an die Auferstehung glaubte, andererseits aber befürchtete, in der

[61] Vgl. VON HILDEBRAND, 96.

Sterbestunde "schwach" zu werden und nach dem Beistand eines Priesters zu verlangen. Dass man sich sogar gegenseitig dazu verpflichtete, am Sterbebett zu wachen, damit niemand einer diesbezüglichen Bitte des Sterbenden nachkommen würde, zeigt, wie wenig man der eigenen freigeistigen, atheistischen Haltung über den Weg traute.[62]

Wir wollen das Gegenteil: Eine gute, gnadenvolle Sterbestunde ist dadurch charakterisiert, daß die Sakramente, in denen wir regelmäßig das ewige Leben Jesu empfangen haben, in einer Feier gespendet werden: die Beichte und die heilige Eucharistie als „Wegzehrung". Die große Bedeutung der Sorge um eine gute Sterbestunde kommt auch darin zum Ausdruck, daß es für die Zeit der schweren Krankheit und angesichts des nahenden Todes ein eigenes Sakrament gibt: die Krankensalbung.

Die Krankensalbung

Im Jakobusbrief lesen wir: „Ist einer von euch krank? Dann rufe er die Presbyter der Kirche zu sich; sie sollen Gebete über ihn sprechen und ihn im Namen des Herrn mit Öl salben. Das gläubige Gebet wird den Kranken retten, und der Herr wird ihn auf-

---

[62] Vgl. z.B. die Erzählung „Wie der Freimaurer Verhaegen starb", in: A.M. WEIGL, Der wichtigste Augenblick (Furth [5]1991), 57ff. Entsprechend gab es auch eine Zeit, in der die Feuerbestattung als Protest gegen den Glauben an die Auferstehung verstanden und deshalb von der Kirche abgelehnt wurde.

richten; wenn er Sünden begangen hat, werden sie ihm vergeben.“ (5,14f.) Das Sakrament der Krankensalbung (früher auch „Letzte Ölung“ genannt) kann nicht nur in äußerster Lebensgefahr gespendet werden, sondern auch dann, wenn man durch Krankheit oder Altersschwäche in Gefahr gerät. In diesem Sakrament wird deutlich, daß der kranke Mensch Hilfe braucht: die pflegende, heilende Hilfe von Menschen, aber auch die Hilfe Gottes. Er schenkt uns in der Krankheit die Gnade des Heiligen Geistes, der das Vertrauen auf Gott und den Glauben an ihn erneuert. Er bestärkt uns gegen die Versuchungen des Teufels, vor allem dagegen, in Entmutigung und Todesangst zu verfallen. Die feierliche Salbung bedeutet auch die Weihe des Kranken: Er wird dazu geweiht, sein Leiden mit dem Leiden Jesu zu verbinden und es so fruchtbar zu machen. Krankheit, Leiden und Tod sind Folgen der Erbsünde, die auch nach der Taufe verbleiben. Aber sie erhalten einen neuen Sinn: Sie werden zur Teilnahme am Heilswerk Jesu. Als Heilszeichen des neuen Bundes dient die Krankensalbung nicht nur dem Wohl des einzelnen Kranken, sondern trägt zur Heiligung der ganzen Kirche bei. Mit dem heiligen Paulus sollen die Kranken sagen können: „Jetzt freue ich mich in den Leiden, die ich für euch ertrage. Für den Leib Christi ergänze ich in meinem irdischen Leben das, was an den Leiden Christi noch fehlt.“ (Kol 1,24)

Entgegen einer immer noch weit verbreiteten Furcht führt die Krankensalbung nicht unmittelbar zum Tod. Das Sakrament soll den Kranken aufrichten und retten und kann auch Auswirkungen auf die

Heilung haben, wenn dies im Willen Gottes liegt. Die erste Gnade des Sakraments aber ist eine Stärkung, Beruhigung und Ermutigung, um die mit einer schweren Krankheit oder Altersschwäche gegebenen Schwierigkeiten zu überwinden.
Tote können keine Sakramente mehr empfangen, und deshalb ist es im Fall einer schweren Erkrankung so wichtig, möglichst bald einen Priester kommen zu lassen. Angehörige sollten mit einem Kranken rechtzeitig über seine Glaubenseinstellung und seine Wünsche sprechen, damit sie im Fall eines Falles entsprechend handeln können.

Ein beeindruckendes Zeugnis

In der Folge der Trennung der englischen Kirche von Rom im Jahr 1543 unter Heinrich VIII., der sich zum neuen Oberhaupt der englischen Kirche erklärte, brach in England unter Elisabeth I. und Jakob I. eine Zeit der Katholikenverfolgung an, die zahlreiche Märtyrer hervorbrachte.[63] In dieser dunklen Periode der englischen Geschichte brachten auf dem Kontinent ausgebildete Priester die von Kardinal Karl Borromäus verfaßten, so genannten „Geistlichen Testamente“ zu Tausenden nach England – großartige Zeugnisse der katholischen Sorge um eine gute Sterbestunde. Trotz der äußersten Gefahr für Leib und Leben bekannten Katholiken mit diesen 14 Paragra-

[63] Vgl. Hildegard HAMMERSCHMIDT-HUMMEL, Die verborgene Existenz des William Shakespeare – Dichter und Rebell im katholischen Untergrund (Freiburg 2001), 16ff.

phen umfassenden Texten ihren römisch-katholischen Glauben schriftlich und mündlich. Es handelte sich um klar formulierte, letztwillige Verfügungen, die besagten, daß der Unterzeichner vor seinem Tod die Sterbesakramente der römisch-katholischen Kirche zu erhalten wünschte. Diese Testamente sollten von dem, der sie verwendete, oft gelesen werden, besonders wenn er sich nach Beichte und Kommunion im Stand der Gnade glaubte. Es wurde empfohlen, sie in Reichweite aufzubewahren und auf Reisen stets mitzuführen. Wurde der Testierende krank, sollte er nach der Beichte sein geistliches Testament noch einmal in Gegenwart anderer lesen oder hören und es auf diese Weise zum Heil seiner Seele erneuern. In ein freigelassenes Feld konnte der Name eines Heiligen, mit dem der Testierende persönlich verbunden war, eingesetzt werden. Am Schluß des Testaments war die Unterschrift bzw. ein Kreuz vorgesehen. In Paragraph I heißt es: „Erstens. Hiermit beteuere und erkläre ich im Angesicht und in Gegenwart des allmächtigen Gottes, des Vaters, des Sohnes und des Heiligen Geistes, (die) drei Personen und ein Gott (sind), und der seligen Jungfrau Maria und des gesamten heiligen Hofes des Himmels, daß ich gehorsam gegenüber der katholischen, römischen und apostolischen Kirche leben und sterben will …“ In Paragraph IV wird der Wunsch nach dem Sakrament der Krankensalbung geäußert.[64] Dieses beeindruckende Zeugnis eines lebendigen katholischen Glaubens inmitten der Ver-

---

[64] Ebd., 220.

folgung sollte uns Mut machen, die Sorge um eine gute Sterbestunde nicht gleichgültig zu vernachlässigen. Auch das „Geistliche Testament" von Kardinal Newman (s.u.) ist ein Ausdruck dieser langen katholischen Tradition.

Gebete um eine gute Sterbestunde

Die folgende Auswahl verschiedener Gebete um eine gute Sterbestunde soll uns dazu einladen, dieses Anliegen in unser eigenes Gebetsleben zu integrieren. Hier sei auch auf den großen Patron der Sterbenden, den heiligen Josef, verwiesen, den wir in diesem Anliegen um seine Hilfe und Fürsprache bitten dürfen.[65]

Ave Maria

Gegrüßet seist du, Maria, voll der Gnade,
der Herr ist mit dir.
Du bist gebenedeit unter den Frauen
und gebenedeit ist die Frucht deines Leibes, Jesus.
Heilige Maria, Mutter Gottes,
bitte für uns Sünder jetzt und in der Stunde unseres Todes. Amen.

---

[65] Leider ist die Litanei vom hl. Josef im Gotteslob nicht mehr enthalten. Die Andacht zum hl. Josef, dem Patron der Sterbenden, findet man im Gotteslob unter 784,9.

O mein Jesus

O mein Jesus,
verzeih uns unsere Sünden,
bewahre uns vor dem Feuer der Hölle,
führe alle Seelen in den Himmel,
besonders jene, die Deiner Barmherzigkeit am meisten bedürfen.
(Dieses sogenannte „Fatima-Gebet" kennen wir von den Erscheinungen der Gottesmutter in dem portugiesischen Ort Fatima. Man betet es normalerweise beim Rosenkranzgebet, zwischen dem „Ehre sei dem Vater" und dem „Vaterunser").

Gebet zur Erlangung eines guten Todes

Mein Schöpfer und mein Vater, ich bitte Dich um die wichtigste aller Deiner Gnaden: um die Beharrlichkeit bis zum Ende und um einen heiligen Tod. So sehr ich auch das Leben, das Du mir gegeben hast, mißbraucht habe – gewähre mir, es von nun an in Deiner heiligen Liebe zu leben und zu beenden. Daß ich wie die heiligen Patriarchen sterbe und ohne Traurigkeit das Tal der Tränen verlasse, um die ewige Ruhe in meinem wahren Vaterland zu genießen. Daß ich sterbe wie der glorreiche heilige Josef, mit dem Beistand Jesu und Mariens, indem ich diese liebenswerten Namen ausspreche, die ich hoffe, alle Ewigkeit zu preisen. Daß ich wie die unbefleckte Jungfrau Maria in reinster Liebe und mit dem Verlangen sterbe, mich mit dem einzigen Gegenstand

meiner Liebe zu vereinen. Daß ich sterbe wie Jesus am Kreuz, in völliger Übereinstimmung mit dem Willen des Vaters, als Opfer der Liebe. Jesus, Du bist für mich gestorben: Gewähre mir die Gnade, in einem Akt vollkommener Liebe zu Dir zu sterben.
Heilige Maria, Mutter Gottes, bitte für mich, jetzt und in der Stunde meines Todes.
Heiliger Josef, hilf mir, daß ich den Tod der Gerechten sterbe. Amen.

Die gute Ewigkeit

In unserem dahingehenden Leben, o Herr, ahnen wir Deine stille Ewigkeit. Die Dinge beginnen und haben ihre Zeit und enden. Im Anfang des Tages fühlen wir voraus, wie er im Abend sinken wird. In jedem Glück mahnt schon das kommende Leid. Wir bauen unser Haus und schaffen unser Werk und wissen, daß es zerfallen muß. Du aber, o Herr, lebst, und keine Vergänglichkeit rührt an Dich. Du bist Deines heiligen Daseins froh und weder Not noch Ende bedrängen Dich. Du bist von Wesen neu und weißt von keinem Überdruß. Keines Dinges bedarfst Du. Nichts entbehrst Du. Alles bist Du. Aller Herrlichkeit Inbegriff ist Dein. Deiner Ewigkeit Mitte ist dort, wo Du, o Vater, und Du, o Sohn, einander nahe seid in der Innigkeit des Heiligen Geistes. In jener Stille ist Deine Liebe und Dein Friede. In ihr ist Deine Heimat, o seliger Gott.
Von dort bist Du, Jesus Christus, zu uns gekommen und hast uns Kunde gebracht von dem, „was kein

Auge gesehen hat und kein Ohr vernommen und was in keines Menschen Herz gedrungen ist". Wenn die Zeit vollendet ist, soll dort auch meine Heimat sein. Mache mich dessen gewiß! Laß das Verlangen dorthin in meinem Herzen nie sterben, damit ich im Wandel des Lebens dessen inne bleibe, was allem Leben erst Maß und Sinn gibt. Laß mein Gemüt vom Hauch Deiner Ewigkeit berührt sein, damit ich das Werk der Zeit richtig tue und es einst hinübertragen dürfe in Dein ewiges Reich!
Amen. (Romano Guardini, Theologische Gebete)

Das Gericht

Herr, ich weiß um das Unrecht des Daseins. Immerfort widerstrebe ich der Wahrheit. Immer neu wird mein Herz des Bösen überführt. So verstehe ich die Botschaft vom Gericht und nehme sie an und beuge mich unter sie. Das Gericht muß sein, auf daß Gerechtigkeit werde. Das bekenne ich wider mich selbst, denn ich weiß, daß ich in ihm nicht bestehen kann; aber es soll sein, damit Dein Reich, welches Gerechtigkeit ist, komme, und Du „die Lobpreisung und die Ehre und die Macht" empfangest. Ja, ich verlange nach Deinem Gericht. Es wird nicht über andere ergehen, sondern über mich selbst; dennoch verlange ich nach ihm, weil ich nach der Wahrheit und Gerechtigkeit verlange. Der das Gericht vollziehen wird, bist Du, Herr Jesus Christus. Du wirst soviel Macht haben, als Du wahr, und so groß sein, als Du heilig bist; furchtbar für die in der Unwahrheit

und im Unrecht stehende Welt. Aber Du wirst nicht als Rächer und Zerstörer, sondern als Heiland kommen; so wird das Gericht die letzte der Gottestaten sein und die Erlösung vollenden. Du, der alles weiß, weißt auch um mein Unvermögen. Du, der alles vermag, bist der Herr der Gnade. So gebe ich mich in Dein Urteil. Es wird die Wahrheit vollziehen, diese aber wird nach dem Wort Deines Apostels Liebe sein.
Amen. (Romano Guardini, Theologische Gebete)

Um einen guten Heimgang

Herr Jesus, gib, daß wir stets dem Vorbild Deiner Heiligen Familie folgen, damit in der Stunde unseres Hinscheidens die glorreiche Jungfrau, Deine Mutter, und der heilige Joseph uns entgegenkommen und wir von Dir in die ewigen Wohnungen aufgenommen werden. Du lebst und herrschest als König in Ewigkeit. Amen. (aus dem Missale Romanum)

Führe Du mich hinan!

Führe Du, mildes Licht, im Dunkel, das mich umgibt, führe Du mich hinan!
Die Nacht ist finster, und ich bin fern der Heimat: Führe Du mich hinan!
Leite Du meinen Fuß – sehe ich auch nicht weiter: wenn ich nur sehe jeden Schritt!

Einst war ich weit entfernt zu beten, daß Du mich führest. Selbst wollt' ich wählen.
Selbst mir Licht, trotzend dem Abgrund, dachte ich, meinen Pfad zu bestimmen; setzte mir stolz das eigene Ziel.
Aber jetzt – laß es vergessen sein! Du hast so lang mich behütet: wirst mich auch weiter führen –
über sumpfiges Moor, über Ströme und lauernde Klippen –, bis vorüber die Nacht
und im Morgenlicht Engel mir winken.
Ach, ich habe sie längst geliebt – nur vergessen für kurze Zeit. Amen.
(Kardinal Newman)

Geistliches Testament

Mein Herr und mein Gott! Ich will leben und sterben im Glauben an die heilige, katholische und apostolische Kirche.
Ich hoffe zu sterben, wohl vorbereitet und gestärkt durch den Empfang der heiligen Sakramente und in der Gemeinschaft der Heiligen. Ich hoffe zu sterben in der Kirche, die unser Herr auf den heiligen Petrus gegründet hat, auf daß sie dauere bis zu Seiner Wiederkunft. Leib und Seele befehle ich der heiligsten Dreifaltigkeit, den Verdiensten und der Gnade unseres Herrn Jesus Christus, des menschgewordenen Gottessohnes, auch der liebreichen Fürsprache unserer getreuen Mutter, des heiligen Josef, meines lieben Schutzengels und aller Heiligen. Amen.
(Kardinal Newman)

Die Herz-Jesu-Freitage

Am ersten Freitag im Monat wird das Heiligste Herz Jesu in besonderer Weise verehrt. Man kann die heilige Messe „vom Heiligsten Herzen Jesu" feiern, und es gibt den Brauch, am Ende der Meßfeier vor dem ausgesetzten Allerheiligsten die Litanei vom Heiligsten Herzen Jesu zu beten, worauf der sakramentale Segen erteilt wird. Aus der Frömmigkeitsgeschichte kennen wir die Verheißung Jesu an die heilige Margareta Maria Alacoque, daß diejenigen, die an neun aufeinander folgenden Herz-Jesu-Freitagen beichten und kommunizieren, der Gnade einer guten Sterbestunde teilhaftig werden.

Als katholischer Christ ist man nicht verpflichtet, an solche „Privatoffenbarungen" zu glauben. Und immer besteht auch die Gefahr, sich in ein mechanistisches Rechen- und Versicherungsdenken zu verstricken, das dem Wesen unseres Glaubens eigentlich fremd ist („Wenn ich bestimmte Leistungen erbringe – in diesem Fall: an neun ersten Freitagen im Monat Beichten und Kommunizieren –, dann muß ich mir keine Sorgen mehr machen …"). Andererseits aber können wir solche Verheißungen als liebevolle Hinweise der Barmherzigkeit Gottes verstehen, die unsere Hoffnung stärken und uns einladen, das neue Leben Jesu in uns durch die regelmäßige Begegnung mit ihm in seinen Sakramenten zu nähren und zu stärken.

12.

Was ist ein Ablaß?

Es gibt kaum etwas, das der täglichen Glaubenspraxis vieler Christen so fremd geworden ist wie der Ablaß. Viele kennen ihn nur noch aus dem Geschichtsunterricht. Dort begegnet uns ein falsches Ablaßverständnis als einer jener mittelalterlichen Mißstände, die im 16. Jahrhundert zur Reformation führten. Aber was ist eigentlich ein Ablaß – und wieso ist er heute noch aktuell?[66]

Die Sünde und ihre Folgen

Ein Ablaß ist – so lautet die Definition der Kirche – ein Nachlaß zeitlicher Sündenstrafen für Sünden, die hinsichtlich der Schuld von Gott bereits vergeben worden sind.

Um dies verstehen zu können, müssen wir etwas weiter ausholen und die einzelnen Begriffe näher betrachten. Es geht um „zeitliche Sündenstrafen". Hier müssen wir zunächst noch einmal bedenken, daß es einen Unterschied gibt zwischen der Sünde und ihrer Folge. Wir kennen das aus unzähligen Beispielen des täglichen Lebens: Nehmen wir an, ein Freund ver-

[66] Vgl. Johannes HOLDT, Vom Fluch der bösen Tat und dem Segen der Gnaden Christi, in: Die Tagespost Nr. 22, 22.02.2000.

traut mir ein Geheimnis an. Ich mißbrauche das in mich gesetzte Vertrauen und begehe eine Indiskretion. Selbst wenn ich um Entschuldigung bitte und derjenige, dessen Vertrauen ich mißbraucht habe, mir wirklich aufrichtig verzeihen kann, bleiben verschiedene Folgen meines Vertrauensbruchs bestehen: Zunächst einmal werde ich erst wieder unter Beweis stellen müssen, daß ich diskret sein und Geheimnisse für mich behalten kann. Ich muß mir das Vertrauen, das von neuem in mich gesetzt werden soll, wieder verdienen. Dann gibt es noch andere Folgen, z.B. solche, die auch Dritte betreffen: Vielleicht denken andere nun aufgrund meiner Indiskretion schlecht von meinem Freund oder ein geplantes Geschäft platzt. Alles, was wir tun, hat im Guten wie im Bösen seine Folgen. Man spricht ja auch vom „Fluch der bösen Tat", wie man auch vom „Segen der guten Tat" sprechen kann.

Ebenso wie das Gute hat also auch die Sünde eine innere Nachwirkung oder Auswirkung; man spricht von der „Sündenfolge" oder auch „Sündenstrafe".

Die Sünde und Gott

Die Sünde betrifft nicht nur mich selbst und andere Menschen; sie betrifft immer auch Gott, sie ist eine Beleidigung Gottes, denn sie weist seine Liebe und Güte zurück. Meine Sünde hat also auch Folgen für mein Verhältnis zu Gott. Wenn ich eine schwere Sünde begehe, mich also frei, willentlich und wissentlich absolut gegen Gott entscheide, verliere ich in der Folge das Leben, das Gott in der Taufe schenkt. Ich trenne mich dadurch selbst von Gott und werde – wenn ich nicht umkehre – auch in der Ewigkeit von ihm getrennt sein (das nennt man die „ewige Sündenstrafe“). Wenn meine Sünde nicht eine solche „schwere Sünde“ ist und deshalb auch keine totale Trennung von Gott bedeutet, so beeinträchtigt sie doch mein Verhältnis zu ihm, denn, wie das obige Beispiel zeigt, hat auch sie ihre Folgen (man nennt diese Folgen die „zeitlichen Sündenstrafen“).

Wenn ich meine Schuld aufrichtig bereue, vergibt mir Gott. Er schenkt uns im Sakrament der Beichte die Vergebung aller Sünden. Die Frage ist nun: Was geschieht mit den Folgen der Sünde, die Gott verzeiht? Die schlimmste Folge der schweren Sünde (die „ewige Sündenstrafe“) wird in der Beichte weggenommen. Die zeitlichen Folgen meiner Schuld (die „zeitlichen Sündenstrafen“) aber bleiben bestehen: Der „Fluch der bösen Tat“ fällt hier auf mich zurück, denn die Vergebung Gottes bewirkt weder, daß mein Freund mir automatisch wieder vertraut, noch, daß sich die „öffentlichen“ Folgen – der Ehrverlust oder das Geschäft, das durch die Lappen gegangen ist – in Luft auflösen.

Die Aufarbeitung der Sündenfolgen

Nach der Beichte ist meine Schuld vergeben. Die zeitlichen Folgen der Sünde aber bleiben und müssen aufgearbeitet werden. Dies kann auf zwei verschiedene Arten geschehen: Entweder jetzt und hier vor meinem Tod oder aber nach meinem Tod im Fegefeuer. Jetzt und hier kann ich meine Sündenfolgen auf verschiedene Weise aufarbeiten, z.B. indem ich mich um praktische Wiedergutmachung bemühe; indem ich bete; indem ich versuche, Fehlhaltungen und Charakterschwächen mit der Hilfe Gottes nach und nach zu korrigieren; indem ich mir zugefügtes Unrecht ertrage; indem ich eine Krankheit geduldig annehme usw. Diese Aufarbeitung der Sündenfolgen nennt die Kirche auch „Buße".

Ich kann zwar nicht an allen für mich sichtbaren Sündenfolgen etwas ändern, doch ich habe die Chance, auf einer anderen Ebene – sozusagen als Ausgleich – etwas zu tun oder zu erdulden.
Um das zu verstehen, müssen wir zwei Dinge bedenken: Einmal haben unsere guten wie bösen Taten auch Folgen, die wir gar nicht sehen und einschätzen können, z.B. für die ganze Kirche, zu der wir gehören wie mein kleiner Zeh zum ganzen Körper.
Zum anderen gehört zum christlichen Glauben der Gedanke der Stellvertretung: Stellvertretend für uns ist Christus gestorben und auferstanden und hat so den Tod besiegt. Sein Leben ist ein „Leben für" – ein Leben für den Vater, für die Menschen. So sollen auch wir unser Leben zu einem „Leben für" machen, zu einem Leben für Gott, für den Nächsten, sogar für den Feind. Wir können einander Gutes tun, einander segnen, einander helfen. So kann ich z.B. meine Krankheit zum Segen für andere werden lassen, indem ich versuche, sie mit dem Leiden Jesu zu ver-

binden. Das Leid Jesu hat segensreiche, heilsame, erlösende Auswirkungen für den Menschen; wenn ich mich mit Jesus verbinde, wird auch mein Leid segensreich und heilsam.

Geschenk in der Gemeinschaft der Kirche

Der Ablaß gehört nun in diese Bußpraxis der Kirche. Die Kirche sagt dem einzelnen Christen: Wir lassen dich mit der Aufarbeitung deiner Sündenfolgen nicht allein, wir helfen dir bei deiner Buße. Der Ablaß ist ein Geschenk der Kirche an uns, das zur Folge hat, daß meine Sündenfolgen ganz oder teilweise aufgehoben werden. Woher nimmt die Kirche dieses großartige Geschenk? Man kann es sich so vorstellen: Jesus hat so viel Gutes getan, das zum Segen für andere wird; und auch die Heiligen haben aus der Verbindung mit Jesus viel Gutes getan, das zum Segen für andere wird. Über diese segensreichen Auswirkungen darf die Kirche wie über eine große, gefüllte Schatztruhe verfügen, sie darf sie den Christen schenken. Dies geschieht durch den Ablaß. Die Kirche tritt hier als große, solidarische Fürbittgemeinschaft in Erscheinung. Papst Johannes Paul II. sagte: „So kommt es zwischen den Gläubigen zu einem wunderbaren Austausch geistlicher Güter, kraft dessen die Heiligkeit des einen den anderen zugute kommt, und zwar mehr als die Sünde des einen anderen schaden kann. Es gibt Menschen, die geradezu ein Übermaß an Liebe, an ertragenem Leid, an Reinheit und Wahrheit zurücklassen, das die anderen einbezieht und aufrichtet. Es ist die Wirklichkeit der „Stellvertreterschaft", auf die sich das ganze Geheimnis Christi gründet." Christus hat dem Petrus verheißen: „Was du auf Erden binden wirst, das wird auch im Himmel gebunden sein, und was du auf Erden lösen wirst, das wird auch im Himmel gelöst sein." (Mt 16,19) Im Ablaß wird diese Binde- und Lösevollmacht des Petrusamtes konkret.

Ablässe gewinnen

Wenn ich mir auf diese Weise von der Kirche dabei helfen lassen will, meine zeitlichen Sündenfolgen aufzuarbeiten, kann ich mir einen solchen Nachlaß schenken lassen – ich „gewinne einen Ablaß". Dies geschieht nicht dadurch, daß ich bei einer kirchlichen Behörde einen Antrag stelle oder ein Formular ausfülle. Die Kirche hat es uns einfacher gemacht. Sie hat bestimmte praktische Übungen des Glaubens mit einem Ablaß verbunden. Solche praktischen Glaubensvollzüge sind oft Gebete, aber auch Wallfahrten oder der Besuch einer Kirche können mit einem Ablaß verbunden sein.[67] Um einen Ablaß zu gewinnen,

[67] In alten Gebetbüchern wurde in der Regel vermerkt, wenn mit einem Gebet ein Ablaß verbunden war. Eine vollständige Sammlung aller gewährten Ablässe bietet das ENCHIRIDION INDULGENTIARUM (Liberia Editrice Vaticana [4]1999), das in seiner aktuellen vierten Auflage noch nicht auf Deutsch erschienen ist. Einen Überblick bietet aber auch die deutsche Ausgabe der dritten Auflage, die man bei dem Sekretariat der Deutschen Bischofskonferenz bestellen kann: Handbuch der Ablässe, Normen und Gewährungen (Bonn 1989). Eine Einführung in die Thematik bietet auch Peter C. DÜREN, Der Ablaß in Lehre und Praxis (Buttenwiesen 2000).

fasse ich erstens den Vorsatz, dies zu tun, und verrichte zweitens das dazu notwendige Werk, spreche also z.B. ein Gebet, das mit einem Ablaß verbunden ist.
Ablässe kann ich für mich selbst, aber auch für die Verstorbenen im Fegefeuer gewinnen. Ihnen gilt die Fürbitte der Kirche in besonderer Weise und wir können den Verstorbenen mit Ablässen helfen, die Zeit ihrer Läuterung abzukürzen. Ablässe für die Verstorbenen zu gewinnen, ist ein großes Zeichen der Liebe und Verbundenheit über den Tod hinaus. Für andere Lebende kann man keinen Ablaß gewinnen.

Vollkommener Ablaß und Teilablaß

Ablaß ist aber nicht gleich Ablaß. Man unterscheidet zwei verschiedene Arten, nämlich vollkommene Ablässe und Teilablässe. „Vollkommener Ablaß" bedeutet, daß alle zeitlichen Sündenstrafen oder Sündenfolgen nachgelassen werden. Ein Teilablaß bedeutet, daß nur ein Teil der zeitlichen Sündenfolgen nachgelassen wird. Früher waren Teilablässe mit einer Zeitangabe versehen, z.B. 30 Tage oder 100 Tage. Diese Zeitangabe bezieht sich nicht auf die Zeit, die ein Verstorbener im Läuterungszustand („Fegefeuer") ausharren muß, sondern stammt aus der frühen Bußpraxis der Kirche: Der reumütige Sünder, der seine Schuld öffentlich bekannte, mußte eine bestimmte Zeit lang (also z.B. 30 Tage oder 100 Tage) in öffentlicher Weise Buße tun. Da eine solche Zeitangabe aber ohne das Wissen um die frühe Bußpraxis der Kirche irreführend ist, wurde sie bei der Neuordnung des Ablaßwesens durch Papst Paul VI. nach dem Zweiten Vatikanischen Konzil abgeschafft.

Um einen Teilablaß zu gewinnen, genügt es, das mit dem Ablaß verbundene Werk zu verrichten.
Einen vollkommenen Ablaß zu gewinnen, ist nicht ganz so leicht. Hier müssen vier Bedingungen eingehalten werden:
1) sakramentale Beichte (dabei genügt eine Beichte zur Gewinnung mehrerer Ablässe, etwa eine Woche vorher oder nachher),
2) entschlossene Abkehr von jeder Sünde, also der feste Vorsatz, in allen Dingen ganz nach dem Willen Gottes zu leben,
3) Kommunionempfang,
4) Gebet nach Meinung des Heiligen Vaters, also Gebet für den Papst (z.B. Vaterunser, Credo und Ave Maria).
Zu diesen Bedingungen kommt dann noch das vorgeschriebene Werk, mit dem der Ablaß verbunden ist. Ist eine der Bedingungen nicht erfüllt, so gewinnt man „nur“ einen Teilablaß.

Verschiedene Gewährungen

Die Kirche ist in der Gewährung von Ablässen sehr großzügig; es gibt unglaublich viele Möglichkeiten, diese Gelegenheit des stellvertretenden Schenkens und Empfangens zu nutzen:

• In drei „allgemeinen Gewährungen“ können wir einen Teilablaß gewinnen, wenn wir: (1.) in der Pflichterfüllung und Mühe des Lebens mit demütigem Vertrauen unsere Seele zu Gott erheben und dabei wenigstens innerlich ein Stoßgebet beten; (2.) uns selbst oder unsere Güter aus dem Glauben heraus im Dienst an Notleidenden hingeben und wenn wir (3.) auf eine erlaubte Annehmlichkeit im Geist der Buße freiwillig verzichten.

• Sehr bekannte Gebete, mit denen ein Teilablaß verbunden ist, sind Angelus („Engel des Herrn“), „Seele Christi, heilige mich“, das Apostolische Glaubensbekenntnis, verschiedene Litaneien (z.B. vom Heiligsten Namen Jesu, vom Heiligsten Herzen Jesu, von der seligen Jungfrau Maria, vom heiligen Josef, Allerheiligenlitanei), Magnificat, Rosenkranzgebet, Kreuzzeichen, Tantum ergo, Kreuzweg …

• An allen Tagen des Jahres kann man durch folgende Werke einen vollkommenen Ablaß gewinnen:
– die Anbetung des Altarsakraments, wenigstens eine halbe Stunde lang
– die Kreuzwegandacht
– das Rosenkranzgebet in der Gemeinschaft
– die andächtige Lesung der Heiligen Schrift, wenigstens eine halbe Stunde lang.

• Sehr bekannt ist auch heute noch der vollkommene Ablaß, den man vom 1. bis zum 8. November für die Verstorbenen gewinnen kann, indem man in dieser Zeit einen Friedhof besucht und dort für die Verstorbenen betet.

• Vollkommene Ablässe kann man auch durch die Mitfeier einer Primizmesse (erste feierliche Messe des Neupriesters) oder durch den gläubigen Empfang des päpstlichen Segens „Urbi et orbi" gewinnen. Wer zum ersten Mal die heilige Kommunion empfängt (Erstkommunion), kann ebenfalls einen vollkommenen Ablaß erwerben.

• Für unsere Sorge um einen guten Tod ist der vollkommene Ablaß in der Sterbestunde wichtig: Der Priester erteilt ihn, wenn er die Krankensalbung spendet. Wenn kein Priester an das Sterbebett kommen kann, wird dieser vollkommene Ablaß auch gewährt, und zwar dann, wenn der Gläubige in seinem Leben „nur einige Gebetsübungen verrichtet hat". Diese Bedingung ersetzt hier die normalerweise üblichen Bedingungen zur Gewinnung eines vollkommenen Ablasses! In manchen Gegenden ist es noch üblich, daß dem Kranken dabei ein Kreuz gezeigt oder in die Hand gegeben wird („Sterbekreuz").

Niemand ist verpflichtet, einen Ablaß zu gewinnen. Der Ablaß ist nicht heilsnotwendig. Andererseits: Wenn uns die Kirche solch ein Gnadenmittel anbietet, warum sollten wir es dann ausschlagen? In einem Informationsblatt über den Ablaß, das die Deutsche Bischofskonferenz herausgegeben hat, heißt es: „In Jesus Christus ist die Menschenfreundlichkeit Gottes unter uns erschienen; er enthüllt das Antlitz Gottes, des Vaters voll Erbarmen und Mitleid. Zu den Zeichen, die uns helfen, die Schwelle des neuen Jahrtausends als eine Schwelle der Hoffnung zu überschreiten und anderen Zeugnis zu geben von unserer Hoffnung, gehört auch der Ablaß."

13.

Noch eine letzte Frage …

Wenn es keinen Tod gäbe ... wäre die Erde nicht hoffnungslos überbevölkert?

Der Tod ist die Folge der Ursünde. Wenn die Stammeltern im Paradies diese Ursünde nicht begangen hätten, gäbe es auch nicht den Tod, wie wir ihn kennen, mit seinem Leid und seinem Schrecken. Im Paradies wäre der Mensch am Ende seines Lebens in einem seligen Übergang vom Leben („status viae“) zur beseligenden Anschauung Gottes („status finalis“) gelangt. In gewisser Weise kann das Geschick der Muttergottes hierfür als Modell stehen: Am Ende ihres irdischen Lebens wurde Maria als einziger Mensch nach ihrem Sohn mit Leib und Seele in den Himmel aufgenommen (Dogma von der Himmelfahrt Mariens).

Ist Hitler in der Hölle?

Diese Frage können wir nicht beantworten. Wir können von keinem Menschen sagen, er sei in der Hölle. Nur Gott sieht das Herz des Menschen, nur er macht jedem Menschen bis zum allerletzten Augenblick seines Lebens das Angebot seiner Liebe und Gnade – und ein letzter Gedanke, eine letzte

Hinwendung, eine letzte wie auch immer geartete Äußerung des Menschen, die die Barmherzigkeit Gottes anruft, reicht aus. In der Theologie gibt es ein Spektrum verschiedener Spekulationen, das von der Meinung, die meisten Menschen landeten in der Hölle bis hin zu der Ansicht reicht, die Hölle sei leer. Wir wollen für jeden Menschen hoffen, daß er gerettet werden kann. Im Übrigen sollte man sich immer bewußt machen, daß die entscheidende Frage für jeden lautet: Wie wird mein eigenes Geschick aussehen? Wir sind nicht aufgerufen, Spekulationen anzustellen. Viel wichtiger ist es, sich um das eigene Seelenheil zu bemühen. Als Jesus gefragt wird: „Herr, sind es nur wenige, die gerettet werden?“, antwortet er: „Bemüht euch mit allen Kräften, durch die enge Tür zu gelangen; denn viele, sage ich euch, werden versuchen hineinzukommen, aber es wird ihnen nicht gelingen.“ (Lk 13,23f.)

Gibt es wirklich einen Teufel und Dämonen?

Der Teufel (oder Satan) ist ebenso wie die Dämonen ein Geschöpf Gottes. Ursprünglich waren sie gute Engel, die sich aber im Augenblick ihrer Erschaffung frei dazu entschieden haben, Gott und sein Reich von Grund auf unwiderruflich zurückzuweisen. Aus Neid hat der Teufel die ersten Menschen zum Ungehorsam verführt (Ursünde). Die Heilige Schrift nennt den Teufel den „Sünder von Anfang an“ (1 Joh 3,8) und den „Vater der Lüge“ (Joh 8,44). Der Teufel und die Dämonen sind wie die Engel reine

Geister, sie besitzen also keinen Leib. Sie sind mächtig, aber ihre Macht ist begrenzt, sie sind keine gleichberechtigten Gegenspieler Gottes, verfügen aber über einen gewissen bösen Einfluß auf die Welt und auf den Menschen – sogar Jesus wollte der Teufel von seinem Heilswerk abbringen (Mt 4,1–11). Der Teufel kann den Aufbau des Reiches Gottes nicht verhindern. Warum Gott sein Wirken zuläßt, ist ein Geheimnis. Am Tag des Jüngsten Gerichts werden der Teufel und die Dämonen endgültig entmachtet. Wir brauchen keine Angst vor dem Teufel zu haben. Mit ihm ist es wie mit einem Kettenhund: Man braucht sich nur dann zu sorgen, wenn man sich in seine Reichweite begibt (KKK 391ff.).

Was versteht man unter dem „Antichrist"?

Die Heilige Schrift nennt verschiedene Vorzeichen, die dem Jüngsten Tag vorausgehen. Vor allem muß die Kirche vor dem Kommen Christi eine letzte Prüfung durchmachen, die den Glauben vieler Christen erschüttert und zu Verfolgung und Glaubensabfall führt. Der Antichrist ist ein falscher Messias, ein Betrüger, der den Menschen um den Preis des Glaubensabfalls eine Scheinlösung ihrer Probleme anbietet (KKK 675ff.). Der falsche Messianismus führt dazu, daß der Mensch sich selbst verherrlicht und so in gewisser Weise die Ursünde wiederholt. „Laßt euch durch niemand und auf keine Weise täuschen! Denn zuerst muß der Abfall von Gott kommen und der Mensch der Gesetzwidrigkeit erscheinen, der

Sohn des Verderbens, der Widersacher, der sich über alles, was Gott oder Heiligtum heißt, so sehr erhebt, daß er sich sogar in den Tempel Gottes setzt und sich als Gott ausgibt.“ (2 Thess 2,3ff.) Ein überaus lesenswerter, berühmter Zukunftsroman zu diesem Thema ist „Der Herr der Welt“ von Hugh Benson.[68]

Was versteht man unter der „Auferstehung im Tod“?

Die moderne Hypothese von der „Auferstehung im Tod“ möchte das Problem lösen, wie die Seele des Menschen ohne ihren Leib weiter existieren und glücklich sein kann. Diese Theorie geht davon aus, daß die Auferstehung des Leibes unmittelbar mit dem Tod des Menschen selbst erfolgt. Die Begründung dafür lautet, daß der Mensch im Tod in die Zeitlosigkeit eintritt, in der alles auf einmal geschieht – auch die Auferstehung der Toten. Es gäbe also keinen wie auch immer gearteten Zwischenstand – die Seele müßte nicht ohne Leib im Himmel, in der Hölle oder im Fegefeuer existieren. Diese im Grunde leib- und geschichtsfeindliche Theorie ist vor allem im Hinblick darauf nicht haltbar, daß die Auferstehung Jesu das Modell für unsere Auferstehung ist. Der Mensch erhält keine Chance mehr zur Läuterung nach dem Tod, die ja zur Anschauung Gottes erst fähig macht. Außerdem wären das seit frühester Zeit bezeugte Gebet für die Verstorbenen und die

[68] Vgl. Hugh BENSON, Der Herr der Welt (Würzburg [2]1994)

Aussage des Großen Glaubensbekenntnisses: „Wir erwarten die Auferstehung der Toten …“ sinnlos.

Was versteht man unter der „Höllenfahrt Christi“?

Das Apostolische Glaubensbekenntnis bekennt im selben Artikel, daß Jesus Christus hinabgestiegen ist in das Reich des Todes und am dritten Tag von den Toten auferstanden ist. Da seit der Ursünde der Himmel den Menschen verschlossen war, sind alle, die vor Christus gestorben sind, nach ihrem Tod in die Unterwelt gelangt. Auch wenn den Gerechten ein anderes Geschick bereitet war („Ausruhen in Abrahams Schoß“, Lk 16,22) als den Verdammten, entbehrten doch alle der Anschauung Gottes. Nach seinem Tod ist Jesus in die Unterwelt hinabgestiegen („Höllenfahrt“), um die Seelen der Gerechten in seinen Ostersieg mit hineinzunehmen und sie zu befreien. Heute gedenken wir jedes Jahr am Karsamstag der Grabesruhe des Herrn und seines Hinabsteigens zur Unterwelt.

Ich komme auf jeden Fall in die Hölle!

Vor zwei Überzeugungen müssen wir uns hüten: vor der verzweifelten Überzeugung, verdammt zu sein („Ich komme in die Hölle!“), ebenso wie vor der sorglosen Heilsgewißheit („Ich komme in den Himmel!“). Hinter diesen Extremen steckt oft der Hochmut: „Ich bin der schlechteste Mensch der

Welt, selbst Gott kann mich nicht mehr retten“, oder – nicht weniger überheblich – : „Ich bin ein so toller und perfekter Mensch – da kann ich ja nur in den Himmel kommen.“ Es gibt drei Wege, mit der Frage nach dem eigenen ewigen Geschick umzugehen: Es sind die drei Tugenden des Glaubens, der Hoffnung und der Liebe. Der christliche Glaube an den liebenden Gott bewahrt uns genauso wie die Hoffnung auf die Barmherzigkeit Gottes vor der Verzweiflung. Die Liebe will immer mehr. Wenn wir versuchen, Gott zu lieben, dann können wir nicht plötzlich stehen bleiben und sagen: „So, jetzt liebe ich Gott genug. Das reicht.“ Deshalb haben die großen Heiligen ja gerade durch das Vergrößerungsglas der Liebe ihre eigene Unvollkommenheit und Lieblosigkeit immer deutlicher gesehen und oft das Sakrament der Beichte empfangen. Die Einstellung „Ich komme sicher in den Himmel“ verrät eher einen Mangel an Liebe.

Soll man für die Verstorbenen Messen feiern lassen?

Das Kreuzesopfer Christi ist für alle Menschen dargebracht worden und seine Vergegenwärtigung in der heiligen Messe hat deshalb auch das Heil der ganzen Menschheit zum Ziel. Wir glauben, daß die heilige Messe eine objektive Wirkung bei Gott hat, weil sie nichts anderes ist als das Opfer Christi selbst, von dem wir wissen, daß es dem Vater wohlgefällig war. Da aber unser Vater im Himmel die Gebete jedes einzelnen Menschen erhört und wir als Gotteskinder in Jesus Christus mit all unseren persönlichen Anliegen zu ihm kommen dürfen, ist es geradezu selbstverständlich, daß wir die Feier der Messe mit unseren konkreten Anliegen verbinden können. Zu unseren Anliegen gehört auch das Gebet für unsere lieben Verstorbenen, damit diese bald in Gottes Herrlichkeit aufgenommen werden. Von Anfang an hat das Gebet für die Verstorbenen einen festen Platz im Herzen der Messe, im Hochgebet: „Gedenke auch deiner Diener und Dienerinnen (N. und N.), die uns vorangegangen sind, bezeichnet mit dem Siegel des Glaubens, und die nun ruhen in Frieden. – Wir bitten dich: Führe sie und alle, die in Christus entschlafen sind, in das Land der Verheißung, des Lichtes und des Friedens.“[69] Zum katholischen Ritus der Beerdigung gehört deshalb neben der Beisetzung auch die Meßfeier für den Verstorbenen („Exequien“). Im dritten Hochgebet wird beim Gebet für den Verstorbenen noch einmal auf die Bedeutung der Taufe verwiesen: „Erbarme dich unseres Bruders N. (unserer Schwester N.), den (die) du aus dieser Welt zu dir gerufen hast. Durch die Taufe gehört er (sie) Christus an, ihm ist er (sie) gleich geworden im Tod: Gib ihm (ihr) auch Anteil an der Auferstehung, wenn Christus die Toten auferweckt und unseren irdischen Leib seinem verklärten Leib ähnlich macht.“ Es ist ein guter Brauch, neben der Beerdigungsmesse noch andere Messen für die Verstorbenen feiern zu lassen. Üblich sind das „Sechswochenamt“, also eine

[69] 1. Hochgebet (Römischer Kanon). Entsprechende Gebete für Verstorbene gibt es in jedem Hochgebet.

Messe sechs Wochen nach der Beerdigung, und die Messe zum Jahrgedächtnis. Es spricht aber nichts dagegen, auch neben diesen traditionellen Terminen immer wieder für bestimmte Verstorbene oder „für die armen Seelen, an die niemand denkt“, die Messe feiern zu lassen.

Was geschieht mit den Menschen, die ohne Taufe sterben?

Die Taufe schenkt uns das neue, ewige Leben Jesu. Jesus selbst betont, wie wichtig die Taufe ist: „Wenn jemand nicht aus Wasser und Geist geboren wird, kann er nicht in das Reich Gottes kommen.“ (Joh 3,5) Die Kirche hat immer um die Heilsnotwendigkeit der Taufe gewußt, und dies war für sie ein großer Ansporn, das Evangelium in die ganze Welt zu tragen, gemäß dem Auftrag des Herrn: „Geht zu allen Völkern und macht alle Menschen zu meinen Jüngern, tauft sie auf den Namen des Vaters und des Sohnes und des Heiligen Geistes und lehrt sie, alles zu befolgen, was ich euch geboten habe.“ (Mt 28,19f.) So ist uns durch die Taufe und das Bekenntnis des Glaubens ein sicherer Weg zum Heil gewiesen worden. Wer um diesen Weg weiß, ihn aber nicht einschlagen will, verweigert sich dem Heil. Das II. Vatikanische Konzil lehrt: „Christus allein ist Mittler und Weg zum Heil, der in seinem Leib, der Kirche, uns gegenwärtig wird; indem er aber selbst mit ausdrücklichen Worten die Notwendigkeit des Glaubens und der Taufe betont hat (vgl. Mk 16,16;

Joh 3,5), hat er zugleich die Notwendigkeit der Kirche, in die die Menschen durch die Taufe wie durch eine Türe eintreten, bekräftigt. Darum können jene Menschen nicht gerettet werden, die um die katholische Kirche und ihre von Gott durch Christus gestiftete Heilsnotwendigkeit wissen, in sie aber nicht eintreten oder in ihr nicht ausharren wollten."[70]

Gott hat sein Heil an die Taufe und die Sakramente gebunden – aber nicht ausschließlich. Für die Menschen, die ohne eigene Schuld nichts vom Evangelium Gottes wissen und sich bemühen, ihrem Gewissen zu folgen, gibt es deshalb auch die Möglichkeit, gerettet zu werden. Gottes Barmherzigkeit können wir keine Schranken setzen! Dies gilt auch für die ungetauften Kinder, die vor dem Empfang der Taufe sterben. Auch sie vertraut die Kirche der großen Barmherzigkeit Gottes an.

Aber für die meisten von uns stellt sich dieses Problem nur theoretisch. Wir wissen um die Kirche und ihre Sakramente. „Wer glaubt, ohne diese Hilfe der Sakramente auskommen zu können, handelt mehr als leichtsinnig. Es mag möglich sein, den Gipfel des Mount Everest im leichten Sommeranzug, ohne Sauerstoffgerät, Seilschaft und Eispickel zu erreichen. Und Gott wird uns vielleicht auch retten können, wenn wir die Hilfsangebote der Kirche ignorieren. Aber wer will das alles schon ausprobieren?"[71]

---

[70] In der dogmatischen Konstitution über die Kirche „Lumen Gentium", Nr. 14.

[71] Vgl. Rudolf Michael SCHMITZ, Katholiken sind Abenteurer, in: Michael MÜLLER (Hg.), Von der Lust, katholisch zu sein – 15 persönliche Bekenntnisse (Aachen ^{2}1993), 261f.

14.

Die Zukunft hat bereits begonnen

Für den Christen ist die Ewigkeit nicht etwas, das erst nach dem Tod beginnt – sie ragt schon jetzt in unser Leben hinein. Die „Letzten Dinge" sind jetzt schon gegenwärtig, auf verschiedene Weise haben wir Anteil an ihnen. Die Frage, was nach dem Tod geschieht, ist nicht eine spekulative Erwägung für morbide Gemüter, sondern in höchstem Maße relevant für die Gestaltung meines Lebens jetzt und hier. Grundlegend ist dabei das Sakrament der Taufe. Mit der Taufe beginnt das neue, ewige Leben, das Jesus uns schenkt. Als Getaufte haben wir nicht nur Teil an dem allgemeinen Leben aller Menschen, wir besitzen das neue, göttliche, ewige Leben. Es wachsen zu lassen, zu nähren und zu stärken, ist die erste Lebensaufgabe eines jeden Christen, eine Aufgabe, die nicht einfach ist: „Diesen Schatz tragen wir in zerbrechlichen Gefäßen; so wird deutlich, daß das Übermaß der Kraft von Gott und nicht von uns kommt." (2 Kor 4,7) Wären wir auf uns allein gestellt, müßten wir scheitern. Aber Gott, der uns sein Leben schenkt, hilft uns.

Die Hilfe Gottes wird für uns ganz konkret in den Sakramenten, in Zeichen des Heils, die von Jesus eingesetzt wurden und das Heil, das sie bezeichnen, auch bewirken.

An erster Stelle nach der Taufe müssen wir das Sakrament der Eucharistie nennen, das das göttliche

Leben in uns nährt, bestärkt und wachsen läßt und uns Teilhabe schenkt am verklärten Leib des Herrn. Der Kommunionempfang bedeutet immer auch Begegnung mit dem Sieger des Ostertages: dem auferstandenen Herrn.

In der heiligen Beichte nehmen wir den Tag des Gerichts vorweg, indem wir in diesem Sakrament der Versöhnung in die Wahrheit Gottes treten und versuchen, uns und unser Leben mit den Augen Gottes zu sehen. Wir empfangen Heil, Leben, Vergebung, wir werden bestärkt und ermutigt zu unserer lebenslangen Aufgabe, unser ganzes Leben für Gott zu öffnen.

Auch das Fegefeuer können wir schon jetzt in unser Leben hineinholen, indem wir die Möglichkeit, die unverdiente Liebe und Gnade Gottes aktiv, als Mitarbeiter Gottes, zu empfangen, nutzen. Wir können uns darum bemühen, da, wo es möglich ist, die Folgen unserer Schuld wieder gutzumachen. Wir können den Versuch machen, alle Unannehmlichkeiten, alles Leid, anzunehmen und so im Geist echter Buße unsere Hinwendung zu Gott zu vertiefen. Wir können in der Gemeinschaft der Kirche, die die Gemeinschaft des Schenkens und Beschenktwerdens ist, Ablässe gewinnen – für uns und unsere Verstorbenen. Denn wenn uns bewußt wird, wie groß unsere wirkliche Beziehung und Verbundenheit mit den Verstorbenen ist, werden wir für sie beten, für sie die heilige Messe feiern lassen und ihnen so unsere Liebe zeigen.

Unser ganzes Gebetsleben können wir verbinden mit dem Gebet Jesu, mit seiner Anbetung des Vaters, in die einzustimmen einmal unser Himmel sein wird. Wir können in unser Gebet die Menschen mit hineinnehmen, die sich in sich selbst verschließen, die sich für Gott versperren und so auf dem Weg sind, sich selbst bereits auf Erden die Hölle zu bereiten. Wir werden wachsam sein für die uns immer drohende Gefahr der egoistischen Selbstabschließung und werden im Gebet und in der Beichte Gottes Hilfe erbitten und erhalten.

Wir werden so in unserem Alltag immer mehr Christus nachfolgen können und unser Leben immer mehr unter das Wort des Herrn stellen: „Denn wer sein Leben retten will, wird es verlieren; wer aber sein Leben um meinetwillen verliert, wird es gewinnen." (Mt 16,25) C.S. Lewis beschreibt diese Bereitschaft, das Leben zu verlieren und täglich zu sterben: „Gib dich selbst auf, und du wirst dein wahres Selbst finden. Unterwirf dich dem Tod deiner Ambitionen und Lieblingswünsche an jedem einzelnen Tag und dem Tod deines ganzen Körpers am Ende, unterwirf dich mit jeder Faser deines Wesens, und du wirst ewiges Leben finden. Halte nichts zurück. Nichts, das du nicht weggegeben hast, wird dir jemals wirklich gehören. Nichts in dir, das nicht gestorben ist, wird je von den Toten auferstehen. Suche dich selbst, und du wirst auf die Dauer nur Haß, Einsamkeit, Verzweiflung, Zorn, Auflösung und Verfall finden. Doch suche Christus, und du wirst ihn finden und mit ihm alles andere als Zugabe."[72]

[72] C.S. LEWIS, Pardon, ich bin Christ – meine Argumente für den Glauben (Basel [10]1992), 198.

Wir werden unser ganzes Leben zu einem Advent machen, zu einer Zeit der Erwartung der Ankunft Jesu, wir werden realisieren, daß „die einzig wirkliche Zukunft das ewige Leben ist“ (Charles de Foucauld). Und wir wissen: Diese Zukunft hat bereits begonnen. Jetzt.